Elogios para
ASEGURE EL ÉXITO EN SU MATRIMONIO ANTES DE CASARSE

«Toda pareja comprometida o recién casada debería de leer este libro de Les y Leslie. Y mientras lo hacen, no dejen de lado el *SYMBIS Assessment.** Es fantástico».

Shaunti Feldhahn, investigadora social y autora de
Solo para mujeres y *Solo para hombres*

«Este programa es increíblemente práctico, fácil de usar y que hacía falta desde hace mucho tiempo».

H. Norman Wright, autor de *Antes de decir «Sí»*

«Les y Leslie son las personas a las que acudir para propulsar una relación de amor de por vida. *Asegure el éxito en su matrimonio antes de casarse* es muy acertado».

Dave Ramsey, fundador de Financial Peace University

«Sencillamente uno no puede permitirse el lujo de ignorar todo lo que este libro ofrece. Yo me he beneficiado personalmente de este material».

Gary Smalley, autor de *El ADN de las relaciones*

«No hay muchas personas que yo conozca con la capacidad de guiar a las pareja a relaciones sanas y a una intimidad que honre a Dios aparte de Les y Leslie».

John Ortberg, pastor de Melo Park Presbyterian

«Toda pareja comprometida o recién casada debería seguir la dirección de *Asegure el éxito en su matrimonio antes de casarse*. Es actual, relevante y muy práctico».

Doctor Neil Clark Warren, fundador de eHarmony

LIBROS POR LES Y LESLIE PARROTT

Conversaciones íntimas para parejas
Hoy te amo más que ayer
Hoy te amo más que ayer – Libro de trabajo para la mujer
Hoy te amo más que ayer – Libro de trabajo para el hombre
La lista del amor
Tú y yo
La buena pelea: El conflicto puede acercarnos

Libros por Les Parrott
Cómo mantener relaciones con personas difíciles
El controlador
¿Pude? ¿Puedo? ¿Podré?
Intercambio

Libros por Leslie Parrott
Cosas malas en matrimonios buenos
Feliz a pesar de todo
Manual del ujier

ASEGURE EL ÉXITO EN SU
MATRIMONIO
ANTES DE CASARSE

Siete preguntas que hacer antes (y después) de casarse

Doctores Les y Leslie Parrott

La misión de Editorial Vida es ser la compañía líder en satisfacer las necesidades de las personas con recursos cuyo contenido glorifique al Señor Jesucristo y promueva principios bíblicos.

ASEGURE EL ÉXITO EN SU MATRIMONIO ANTES DE CASARSE
Edición en español publicada por
Editorial Vida – 2008, 2016
Nashville, Tennessee

Editora en Jefe: *Graciela Lelli*
Traducción: *Elizabeth Fraguela M.*
Adaptación del diseño al español: *Grupo Nivel Uno, Inc.*

*Los ejercicios recomendados están disponibles solo en inglés.

ISBN: 978-0-8297-6781-0

CATEGORÍA: Vida Cristiana / Amor y matrimonio
IMPRESO EN ESTADOS UNIDOS DE AMÉRICA
PRINTED IN THE UNITED STATES OF AMERICA

16 17 18 19 20 21 DCI 9 8 7 6 5 4 3 2 1

A todos los facilitadores del programa

sean pastores, consejeros, capellanes o mentores maritales, ustedes han dado forma no solamente a este libro sino también al SYMBIS Assessment.* Su dedicación al ayudar a multiples parejas a propulsar una relación de amor para toda la vida impactará a las generaciones venideras.

Grábame como un sello sobre tu corazón;
llévame como una marca sobre tu brazo.
Fuerte es el amor, como la muerte,
y tenaz la pasión, como el sepulcro.
Como llama divina
es el fuego ardiente del amor.
Ni las muchas aguas pueden apagarlo,
ni los ríos pueden extinguirlo.
Si alguien ofreciera todas sus riquezas
a cambio del amor,
sólo conseguiría el desprecio.

CANTARES 8.6–7

CONTENIDO

LISTA DE EJERCICIOS*

ANTES DE COMENZAR

Nosotros nunca recibimos consejos prematrimoniales, pero pasamos en terapia el primer año de vida matrimonial. Una vez a la semana nos reuníamos con un consejero que nos ayudó a planchar las arrugas que nunca vimos antes de casarnos. No quiere decir que tuviéramos algún problema serio. Pero se nos ocurrieron esas ideas ingenuas que después de la boda nuestra vida se arreglaría naturalmente, y nunca se nos ocurrió tomar consejos o un curso de preparación matrimonial. Estuvimos saliendo durante seis años antes de nuestro compromiso de nueve meses y teníamos mucho en común (hasta nuestro primer nombre). Simplemente pensábamos que amarraríamos el nudo proverbial, estableceríamos una casa y como en los cuentos de hadas se dice: «... y vivieron felices para siempre».

Pero no fue así. El primer año de matrimonio fue difícil desde su mismo comienzo. Literalmente. En la limosina, exactamente después de terminar en la iglesia, mientras ambos decíamos adiós con las manos a nuestras familias y amigos a través de la ventanilla de atrás, yo (Leslie) comencé a llorar.

—¿Qué pasó? —preguntó Les. Seguí llorando y no contesté.

—¿Estás feliz o triste?

Les me abrazó esperando una respuesta.

Como no contesté, él me volvió a preguntar:

—¿Qué está pasando en tu interior?

—No lo sé —dije gimiendo—. No lo sé.

Les me apretó entre sus brazos. Sabía que lo estaba hiriendo, pero no sabía qué decir o por qué yo me sentía tan triste.

Excepto por el ruido de las latas detrás de nosotros, el recorrido hasta el aeropuerto, esa tarde del 30 de junio de 1984, fue silenciosa. Mientras esperábamos por nuestro vuelo en una terminal llena de humo en el Aeropuerto O'Hare, los dos nos sentíamos algo confusos en cuanto a lo que acabábamos de experimentar. ¿Realmente estamos casados? No me lo parecía. Éramos unos recién casados, pero más nos sentíamos como unos refugiados.

Después de subir al avión, caímos exhaustos sobre nuestros asientos. Habíamos invertido demasiado tiempo y energía en esta ceremonia para la boda. Y todo salió como lo planeamos. Pero, ¿y ahora qué? Los dos nos sentamos en el avión, emocionalmente agotados, meditando en silencio en el sentido del matrimonio. ¿De qué se trataba todo esto, este matrimonio? ¿Por qué no sentía ninguna diferencia? ¿Quién era realmente esta persona con quien me casé?

¿PARA BIEN O PARA MAL?

Seamos honestos. Eso de «hasta que la muerte nos separe» que forma parte de los votos del matrimonio con la entrega del anillo tiene un tono cada vez más irónico. En la década de 1930, uno de cada siete matrimonios terminó en divorcio. En la década de 1960, fue uno de cada cuatro. De 2,4 millones de parejas que se casarán durante este año en Estados Unidos, se predice que por lo menos el cincuenta por ciento no sobrevivirá. Para demasiadas parejas, el matrimonio se ha convertido en «hasta que el divorcio nos separe».[1]

Hoy todas las parejas que se casen se estarán arriesgando. Más de 200.000 matrimonios nuevos al año terminan antes del segundo aniversario de bodas. Después que tiran las flores y devuelven el esmoquin, las parejas a menudo dan por sentado que les espera la dicha matrimonial. Pero un estudio de los que recientemente dieron el paso reveló que el cuarenta y nueve por ciento informó tener serios problemas maritales. La mitad ya tenía dudas acerca de si su matrimonio prevalecería.[2]

La verdad es que la mayoría de las parejas comprometidas se preparan más para la boda que para su matrimonio.[3] La industria de bodas, que produce 50 mil millones de dólares al año, puede testificar de ese hecho. De acuerdo con los expertos, un promedio de doscientos invitados a las bodas hoy día cuesta unos 22.000 dólares.[4] Todos los meses se venden más de un millón de copias de revistas de bodas, concentradas principalmente en la ceremonia de la boda, la luna de miel y los muebles para la casa, pero no en el matrimonio mismo.

Al recordar el pasado, parece tonto que Les y yo hiciéramos tantos preparativos para la boda y tan pocos preparativos para nuestro matrimonio. Pero la verdad es que menos de la quinta parte de todas las bodas en Estados Unidos está precedida de algún tipo de preparación formal para el matrimonio.[5]

Uno se pregunta cuál sería el efecto si la misma cantidad de tiempo, energía y dinero que se emplea en la ceremonia se invirtiera en el matrimonio. Planear la boda perfecta muy a menudo parece preceder al planeamiento de un matrimonio con éxito. Y la falta de preparación es el saboteador principal del matrimonio.

La depresión matrimonial es común después del entusiasmo de una elaborada celebración de bodas. Una novia nos dijo: «La gran emoción de ordenar las invitaciones grabadas, elegir la música para la ceremonia y seleccionar un patrón chino me quitó toda la atención de la visión global. Más que una boda la ceremonia fue más tangible y menos riesgosa que el matrimonio. Puse mi energía en la boda y esperé lo mejor». Durante demasiado tiempo la tendencia ha sido enamorarse, casarse y esperar que suceda lo mejor.

Este libro ofrece un método diferente.

CÓMO PREDECIR UN MATRIMONIO FELIZ

Durante las tres décadas pasadas, los especialistas en matrimonio han investigado los ingredientes de un matrimonio feliz. Como resultado, hoy, como nunca antes, sabemos más sobre cómo edificar un matrimonio que perdure. Por ejemplo, las parejas de matrimonios felices tendrán:

- una expectativa saludable del matrimonio
- un concepto realista del amor
- una actitud y una perspectiva positiva hacia la vida
- la habilidad de comunicar sus sentimientos
- una comprensión y aceptación de la diferencia de sus géneros
- la habilidad de tomar decisiones y resolver las discusiones
- un fundamento y metas espirituales en común
- un compromiso y pacto profundo y perdurable

En resumen, las cosas que pronostican un matrimonio saludable forman la base de las siete preguntas que presentamos en este libro.[6] Todas las parejas deben estar conscientes de estos asuntos antes (y después) de casarse. Emplear un tiempo para comprender estos temas es como invertir en una póliza de seguro en contra del divorcio.[7]

Asegure el éxito en su matrimonio antes de casarse se basó en el hecho de que el matrimonio no tiene que ser un riesgo. Como psicólogo (Les) y terapeuta de matrimonios y familias (Leslie) aconsejamos a cientos de parejas casadas y hemos aprendido que vivir eternamente felices es menos un misterio que el dominio de ciertas habilidades. Aunque la vida de casado siempre presentará algunas dificultades, usted constante y dramáticamente mejorará sus relaciones si domina ciertas habilidades de la vida.

Muchas parejas cometen el error de culpar a los suegros, el dinero y el sexo como la causa del divorcio y la falta de satisfacción marital. Sin embargo, los puntos neurálgicos en el matrimonio por lo general son el resultado de una pobre comunicación, asuntos del género y la falta de salud espiritual, para solo mencionar algunos. Este libro llega al corazón de cada conflicto matrimonial. Ya sea usted soltero o esté saliendo con alguien o tenga una relación de noviazgo, o esté contemplando el matrimonio o ya esté casado, este libro lo ayudará a aprender las habilidades que necesitará para disfrutar una vida juntos perdurable y feliz, *antes* de que llegue la infelicidad.

OBTENER EL MÁXIMO DE ASEGURE EL ÉXITO

Escribimos la primera edición de este libro hace diez años y desde entonces lo han usado cientos de miles de parejas que quieren lo mejor de sus matrimonios. Es por eso que lo actualizamos y expandimos con la última y mejor información acerca del amor que perdura toda la vida. Además de actualizar el libro con los últimos hallazgos de las investigaciones, hemos agregado nuevo material tanto acerca del sexo como también del dinero. A través de los años hemos oídos de muchas parejas que han querido más información y ejercicios sobre estos temas. También añadimos una evaluación premarital que se puede encontrar en www.RealRelationships.com.*

A propósito, a través de los años también hemos oído constantemente que una de las cosas que las parejas más disfrutan en *Asegure el éxito* es el uso de los cuadernos de ejercicios. Hemos escrito dos cuadernos de ejercicios como acompañantes de este libro, uno para el hombre y otro para la mujer. Los veinticuatro autoexámenes en los cuadernos lo ayudarán a usted y a su novio/a a poner en acción lo que se enseña en este libro. Como una ayuda adicional, al final de cada capítulo ofrecemos preguntas en las cuales reflexionar que se pueden usar para comenzar comentarios para parejas o grupos pequeños. Por último, si quisiera traer este programa a su iglesia o grupo pequeño, disponemos de un currículo en DVD que se llama *Saving Your Marriage Before It Starts, Expanded and Updated Edition** que ahora está a su disposición.

NUESTRA ORACIÓN POR USTEDES

Pocas experiencias en la vida son tan significativas, valiosas y personales como la de comprometerse de corazón con otra persona en matrimonio. Y su usted es una persona de fe, y si está comprometido a caminar por el sendero de Jesús, sabemos que lo que últimamente desea es un compromiso de matrimonio que honre a Dios. Querrá infundir sus sueños de amor con la forma de vivir que Dios dicta.

Pablo escribe a los Gálatas. «En cambio, el Espíritu de Dios nos hace amar a los demás, estar siempre alegres y vivir en paz con todos. Nos hace ser pacientes y amables, y tratar bien a los demás, tener confianza en Dios, ser humildes, y saber controlar nuestros malos deseos. No hay ley que esté en contra de todo esto».[8]

¿Quién no querría que todos estos dones profundos infundieran su vida matrimonial? Esta es la razón por la que dedicamos el último capítulo de *Asegure el éxito de su matrimonio antes de casarse* a ayudarle a conseguirlo.

Nuestra oración es que, sea donde se encuentre en su peregrinaje de fe, disfruten todo el fruto y toda bendición que su matrimonio le ofrece. Escribimos este libro con todo nuestro corazón. Nos apasiona la idea de darle a una nueva generación de parejas la oportunidad de volver «al mero principio» y aprender los rudimentos de una vida matrimonial duradera. En el proceso, usted descubrirá la expresión más profunda y más radical de la intimidad que dos personas puedan conocer.

LES Y LESLIE PARROTT
SEATTLE, WASHINGTON

¿ALGUNA VEZ ENCARÓ EL MITO DEL MATRIMONIO CON HONESTIDAD?

Nos han envenenado con los cuentos de hadas.
ANAIS NIN

Tom y Laura vinieron a vernos exactamente nueve meses después de casarse. Ellos se tragaron todo el mito de «y vivieron felices para siempre» y ahora se sentían inquietos.

—Antes de casarnos no podíamos soportar el estar lejos el uno del otro —confesó Laura—. Casi todo lo hacíamos juntos y pensaba que así sería en nuestro matrimonio, incluso más.

Durante un momento hizo una pausa.

—Pero ahora Tom necesita más espacio. No se parece al hombre con quien me casé.

Tom hizo un gesto de incredulidad mientras Laura continuaba:

—Antes de casarnos él era muy considerado y atento.

—Ah, ¿y ahora soy un completo desconsiderado? —interrumpió Tom.

—Desde luego que no, solo que tú, o quizás *nosotros*, ahora somos diferentes.

Tom, nervioso, le daba vueltas a su anillo de bodas. Miró a Laura:

—El matrimonio tampoco es lo que yo esperaba. No pensé que sería una gran luna de miel o algo así, solo que creía que tú tratarías de hacer que la vida fuera un poco más fácil para mí. En cambio, cuando llego a la casa luego de trabajar en la oficina, todo lo que quieres es salir o…

—Todas las noches te cocino la comida —interrumpió Laura. Sorprendidos por la exhibición de emociones desenfrenadas frente a nosotros, se quedaron en silencio y nos miraron como diciendo: «¿Ven ustedes?, nuestro matrimonio no es lo que se esperaba que fuera».

Tom y Laura comenzaron su matrimonio creyendo que la felicidad abundaría. Habían oído que el matrimonio era trabajar mucho, pero no esperaban que fuera un trabajo de veinticuatro horas al día, los siete días de la semana.

> «Y vivieron felices para siempre» es una de las oraciones más trágicas en la literatura. Es trágica porque es una falsedad. Es un mito que ha llevado a las generaciones a esperar algo del matrimonio que no es posible.
>
> **Joshua Liebman**

La creencia de un matrimonio «y vivieron felices para siempre» es uno de los mitos más conocidos y destructivos. Pero esto no es más que la punta del iceberg del mito marital. Cada dificultad en el matrimonio está plagada de una vasta variedad de malas interpretaciones acerca de lo que debe ser el matrimonio.[1] En este capítulo, sin embargo, consideramos solo aquellas ideas que son las más dañinas y comunes:

1. «Esperamos del matrimonio exactamente las mismas cosas».
2. «Mejorará todo lo que es bueno en nuestra relación».
3. «Desaparecerá todo lo que es malo en mi vida».
4. «Mi cónyuge me completará».

¿Alguna vez encaró el mito del matrimonio con honestidad?

La meta de este capítulo es sacar la mitología del matrimonio. Durante demasiado tiempo el matrimonio ha estado cargado de expectativas que no son realistas y suposiciones equivocadas. Al liberarse de estos cuatro mitos, las parejas se pueden instalar en el verdadero mundo del matrimonio… con todo su disfrute y tristeza, pasión y dolor.

PRIMER MITO:
«ESPERAMOS DEL MATRIMONIO EXACTAMENTE LAS MISMAS COSAS»

Rara vez ocurre lo que anticipamos, por lo general sucede lo que menos esperamos, especialmente en el matrimonio. Decir «Sí» trae consigo un montón de expectativas conscientes e inconscientes que no siempre se cumplen.

Neil y Cathy, una pareja casada durante cuatro años y que rondaba los treinta, cada uno tenía una clara imagen de lo que era una vida juntos, pero nunca comentaron sus ideas. Ellos, como casi todos los recién casados, simplemente asumieron que el otro tenía en su mente un cuadro idéntico del matrimonio. Nada, sin embargo, podía estar más lejos de la realidad.

Cathy: «Esperaba que la vida de casado trajera más estabilidad y que fuera más previsible según nuestro estilo de vivir. Para mí eso significa trabajar juntos en el jardín».

Neil: «Yo quería que nuestro matrimonio fuera emocionante y espontáneo, no una rutina aburrida. Eso para mí quería decir montar juntos en una motocicleta».

Temprano desde su niñez, Neil y Cathy comenzaron a soñar cómo sería la vida de casados. Ambos se criaron en hogares donde los padres modelaron «la vida de casados». Leyeron libros que describían las relaciones amorosas. En la televisión vieron programas y películas que describían escenas del matrimonio. Durante años tuvieron fantasías en cuanto a la vida después de cruzar el umbral del matrimonio. Con poco esfuerzo, cada uno se fue formando una idea de lo que es y debía ser vivir como una pareja casada.

Consciente e inconscientemente, Neil y Cathy mentalmente pintaron brochazos sobre sus lienzos del matrimonio. Pero a ninguno de ellos se le ocurrió pensar que el otro podría estar trabajando desde una paleta diferente. Simplemente *asumieron* que su cónyuge de por vida trabajaría con colores complementarios y en un estilo similar.

El primer año de matrimonio, sin embargo, reveló contrastes fuertes e inesperados. Lo que Cathy consideraba ser algo seguro, Neil lo veía como algo aburrido. Valoraron muchas cosas iguales, pero con diferentes niveles de intensidad. Cathy pintó con cuidado usando delicados pasteles; Neil pintó con audacia usando colores primarios.

La mayoría de las expectativas incongruentes cayeron en dos categorías principales: reglas que no se dijeron y papeles inconscientes. Especificar estas dos categorías y hacerlas visibles pudo ahorrarle a esta joven pareja años de desgaste y lágrimas.

REGLAS NO EXPRESADAS

Todos vivimos bajo una serie de reglas que con rareza se expresan, pero siempre se conocen. Está de más decir que las reglas que no se dicen se hacen más audibles cuando nuestro cónyuge «las viola». Para nosotros esto fue dolorosamente obvio cuando visitamos a nuestras familias por primera vez después de casados.

Fuimos a pasar las Navidades con nuestra familia y volamos desde Los Ángeles hasta Chicago. La primera noche la pasamos en mi casa (la de Leslie). Como era la costumbre de mi familia, por la mañana me levanté temprano para exprimir cada minuto posible con mi familia. Les, por otra parte, se quedó durmiendo.

Que Les se quedara durmiendo yo lo interpreté como una forma de rechazo y de evitar a la gente y sentí que él no le daba valor al tiempo con mi familia. «Para mí es vergonzoso», le dije a Les. «Todos están levantados y comiendo en la cocina. ¿Acaso no quieres estar con nosotros?».

Les, por otra parte, no entendía mi intensidad. «¿Qué he hecho? Solo estoy recuperándome del cansancio del viaje y el cambio de hora. Bajaré después que me bañe», me dijo. Como luego descubrí, Les esperaba pasar estos días festivos a un ritmo menos apresurado porque así era que lo hacían en su casa.

En este incidente, Les rompió una regla que no sabía que existía, y yo descubrí una regla que nunca expresé con palabras. Ambos nos sentimos malinterpretados y frustrados. Ambos teníamos nuestras propias ideas en cuanto a lo que era aceptable, y nunca se nos ocurrió, a ninguno de los dos, que nuestras expectativas podrían ser tan diferentes. Los dos nos irritamos por causa de las expectativas no expresadas del otro y nos frustró que el otro no viviera de acuerdo a esas mismas reglas.

Desde estas primeras navidades aprendimos a comentar nuestras expectativas secretas y expresar nuestras reglas secretas. También hemos ayudado a las parejas que aconsejamos a estar más alertas de sus reglas no expresadas y evitar que pequeños problemas se conviertan en grandes. Aquí verá un ejemplo de las reglas que hemos oído de otras parejas:

- No interrumpir el trabajo del otro.
- Siempre comprar frutas y vegetales orgánicos.
- No pedir ayuda a no ser que esté desesperado.
- No hacer alarde de los éxitos.
- Siempre dejar la mantequilla en la mesa (no en el refrigerador).
- No trabajar demasiado tiempo ni con demasiado esfuerzo.
- Siempre celebrar los cumpleaños a lo grande.
- Nunca levantar la voz.
- No hablar de su cuerpo.
- No aparecer tarde.
- Limpiar la cocina antes de acostarse.
- No hablar acerca de sus sentimientos.
- Siempre pagar las cuentas el día que llegan.
- No conducir rápido.
- Nunca comprar postre en un restaurante.
- Usar la tarjeta de crédito solamente en una emergencia.
- No comprar regalos estravagantes.

¿Alguna vez encaró el mito del matrimonio con honestidad?

ROLES INCONSCIENTES

La segunda fuente de expectativas que no coinciden involucra las funciones inconscientes en las que usted y su cónyuge caen, casi involuntariamente. El matrimonio también es igual al actor de una representación dramática que sigue un guion. Sin saberlo, una novia y un novio están representando papeles que se forman de una mezcla de sus disposiciones personales, contextos familiares y expectativas del matrimonio.

Mark y Jenney chocaron con sus papeles inconscientes cuando regresaron de su luna de miel y comenzaron a establecer su casa, arreglar los muebles, organizar los armarios de ropa y colgar los cuadros. Antes de darse cuenta ya estaban peleando. «¿En dónde quieres esta mesa?», preguntó Mark. «No sé, ¿dónde crees tú que debiera ir?», contestó Jenny. «¡Solo dime dónde ponerla!», dijo Mark, desesperado. Una y otra vez se repitió esta escena, uno mirando al otro para dirigir la situación, pero ninguno lo hizo.

Inconscientemente, Jenny y Mark estaban representando los papeles que observaron en sus familias de origen. El padre de Jenny, un tipo de persona «arréglalo todo» con ojos de decorador, tenía todas las herramientas correctas y era quien arreglaba todas las cosas en la casa. Su mamá simplemente lo ayudaba cuando era necesario. El padre de Mark, por otra parte, era un ejecutivo muy ocupado que escasamente sabía cómo cambiar un bombillo quemado, y su mamá era la que lo organizaba todo en el hogar. Está de más decir que Mark y Jenny tomaron sus papeles «asignados» como el esposo y la esposa, y entonces se preguntaban por qué el otro no hacia su parte.

Desde luego, hay un sin fin de papeles inconscientes en los que caen los esposos y las esposas. Algunos de los más comunes incluyen:

- el que planea
- el navegante
- el comprador
- el que mantiene las cuentas

- el que mantiene secretos
- el cocinero
- el comediante
- el comprador de regalos
- el que limpia

Si ustedes son como la mayoría de las parejas, estarán procurando seguir un guion escrito de los papeles modelos con los cuales se criaron. Estar consciente de esta tendencia natural es todo lo que a menudo se requiere para evitar un drama decepcionante. Una vez que cada uno sepa el papel que le corresponde, entonces pueden comentar cómo escribir juntos un nuevo guion.

Debido a sus papeles preasignados, Mark y Jenny pasaron su primer año de matrimonio ¡sin colgar ni uno solo de sus cuadros! No fue hasta que Mark y Jenny fueron a consejería que llegaron a estar conscientes de la razón de su estancamiento e hicieron la decisión de cambiar la asignación de sus papeles inconscientes. Como dijo Jenny: «Escribir nuestro guion me hace sentir como que estamos edificando nuestro propio matrimonio y que no somos solo como robots».

> Son muchas las personas que pierden un resquicio de esperanza por estar esperando mucho más.
>
> **Maurice Seitter**

¿Alguna vez encaró el mito del matrimonio con honestidad?

Ejercicio 2:
Estar conscientes de sus papeles

¿Está esperando un guion específico para representarlo en su matrimonio? ¿se ve usted o ve a su cónyuge leyendo el guion equivocado? Para representar su parte en un nivel consciente, emplee un tiempo para completar el ejercicio del cuaderno*: *Estar conscientes de sus papeles.* Tal vez esto lo ayude a hacer un nuevo reparto de papeles y evitar un drama desencantador.

Las expectativas que usted traiga al matrimonio harán que este sea un éxito o un fracaso. No pierda los momentos de oro del matrimonio porque sus ideales no estén sincronizados con los de su cónyuge. No crea el mito, que usted y su cónyuge traen automáticamente, de que ambos tienen las mismas expectativas para el matrimonio. Por el contrario, recuerde que mientras más abiertamente ustedes comenten sus expectativas diferentes, más posible será crear una visión de matrimonio en la que estén de acuerdo, y que esta sea única para ustedes dos.

SEGUNDO MITO:
«MEJORARÁ TODO LO QUE ES BUENO EN NUESTRA RELACIÓN»

Uno solamente necesita escuchar cualquiera de las cuarenta canciones más populares en la radio para reconocer el mito común aunque destructivo que dice que mejorará todo lo bueno en una relación. La verdad es que no todo se mejora. Muchas cosas mejoran en las relaciones, pero algunas cosas se hacen más difíciles. Todos los matrimonios de éxito requieren pérdidas necesarias, y al decidir casarse, inevitablemente usted tiene que pasar por un proceso de luto.

Para comenzar, el matrimonio es un rito de tránsito que con frecuencia significa dejar atrás la niñez. Molly, una recién casada de veintitrés años de edad, recuerda la pérdida inesperada que sintió precisamente después de comprometerse: «Tan pronto como anunciamos que nos íbamos a casar, me convertí en una niñita. Esa noche lloré en los hombros de mi padre y sentía una terrible tristeza como si estuviera abandonando a mi familia para siempre. Miré a David, mi novio, y pensé: *¿Quién es este hombre que me está llevando lejos?*».

El matrimonio significa perder un estilo de vida libre y asimilar nuevos límites. Significa inconvenientes inesperados.

Mike Mason, en su encantador libro *El misterio del matrimonio*, compara el matrimonio a un árbol que crece en el medio de la sala de uno. «Es algo que está ahí, y es enorme, y todo se ha formado a su alrededor y no importa a donde uno quiera ir, al refrigerador, a la cama, al baño o a la puerta de la casa, siempre tiene que considerar que ese árbol está ahí. No se puede traspasar, se debe respetar el hecho de pasar alrededor... Es bello, único, exótico: pero seamos francos, en ocasiones también es un inconveniente enorme».[2]

El matrimonio está lleno de compensaciones para disfrutar y otras tediosas, pero la pérdida mucho más dramática que se experimenta en un matrimonio reciente es la de la imagen idealizada que usted tiene de su cónyuge. Este fue el mito más difícil que encaramos en nuestro matrimonio. Cada uno de nosotros tenía un cuadro mental sin imperfecciones en cuanto a quién era el otro. Pero con el tiempo, la vida de casados nos pidió enfrentar la realidad y calcular el hecho de que no nos casamos con la persona que imaginamos. Y, prepárese, tampoco usted lo hará.

La mayoría de las relaciones comienzan con una luna de miel emocional, un tiempo de un profundo y apasionado romance. Pero este romance es invariablemente temporal. En *La nueva psicología del amor*, el doctor Scott Peck dice que «no importa de quién nos enamoremos, más tarde o más temprano dejamos de estar enamorados si la relación continúa durante suficiente tiempo». Él no quiere decir que dejemos de amar a nuestro cónyuge. Lo que quiere decir es que ese sentimiento de éxtasis en el amor que caracterizó la experiencia del enamoramiento, siempre va a pasar. «La luna de miel siempre termina», declara él. «El florecimiento del romance siempre se marchita».[3]

> El desencanto para el alma noble es como el agua fría para un metal ardiente: lo fortalece, templa, intensifica pero nunca lo destruye.
>
> **Eliza Tabor**

Es una ilusión eso de que el romance en el principio de una relación va a permanecer para siempre. Tal vez esto sea algo difícil de tragar (lo fue para nosotros), pero desacreditar el mito del romance eterno hará mucho más que cualquier otra cosa para ayudarlo a edificar un matrimonio que perdure feliz para toda la vida.

En resumidas cuentas: Cada uno de nosotros idealiza una imagen de la persona con la cual nos casamos. Esa imagen la siembran los esfuerzos ansiosos de nuestro cónyuge para dar una buena impresión,[4] pero se arraiga en el suelo rico de nuestras fantasías románticas. Queremos ver lo mejor de nuestro cónyuge. Por ejemplo, nos imaginamos que él nunca se va a irritar ni se va a dejar engordar. Buscamos y pasamos tiempo con lo que consideramos admirable olvidándonos de cada desperfecto. A él lo vemos como más noble, más atractivo, más inteligente, más dotado de lo que es en realidad. Pero no durante mucho tiempo.

La cruda realidad es que esta fase es necesariamente momentánea. Algunos expertos creen que la vida media del amor romántico dura casi tres meses, después de los cuales a usted solo le queda la mitad de la cantidad de sentimientos románticos con los que comenzó. Otros creen que el amor romántico se mantiene al máximo durante dos o tres años antes de comenzar a desvanecerse. Cualquiera que sea la teoría correcta, usted puede estar seguro de que el encanto del romance comenzará a desvanecerse con el tiempo. El punto es que nos casamos con una imagen y solo después es que descubrimos la verdadera persona.

Un abogado que conocemos que atiende muchos casos de divorcios nos dijo que la razón número uno por la cual dos personas se separan es que «se niegan a aceptar el hecho de que están casados con un *ser humano*».

En todos los matrimonios, la esperanza mutua da lugar a la desilusión mutua en el momento en que usted reconoce que su compañero/a no es la persona perfecta con la cual creyó que se estaba casando. Pero una vez más, esto es imposible. Ningún ser humano puede llenar nuestros sueños idealizados. Sentirse defraudado es inevitable. Pero hay una luz de esperanza detrás de la nube oscura de la desilusión. Una vez que usted reconozca que su matrimonio no es una fuente de romance constante, podrá apreciar lo fugaces momentos de romance por lo que son: una experiencia muy especial.

Aquí están las buenas noticias: El desencanto lo capacita a pasar a una intimidad más profunda.

¿Alguna vez encaró el mito del matrimonio con honestidad?

Ejercicio 3:
De idealizar a reconocer a su compañero

Una vez que aceptemos el hecho de que todas las experiencias del amor no se conforman al éxtasis del romance, una vez que abandonemos la esperanza de los ideales de nuestro compañero/a, obtenemos fuerza y descubrimos la verdadera belleza del matrimonio. En el cuaderno*, el ejercicio *De idealizar a reconocer a su compañero,* será útil para dar los primeros pasos en esa dirección.

TERCER MITO:
«DESAPARECERÁ TODO LO QUE ES MALO EN MI VIDA»

Este mito ha pasado por incontables generaciones, y su difundido atractivo está personificado en leyendas de libros de cuentos como *La Cenicienta*. En esta historia, un príncipe encantador muy agraciado y galante rescata a una pobre hijastra que trabaja como una sirvienta para su malvada familia postiza. Ellos se enamoran «y vivieron felices para siempre».

No importa que a Cenicienta la prepararan psicológicamente para sentirse en casa entre las cenizas de la cocina y no tuviera idea alguna de cómo conducirse en la pompa y en las circunstancias de la corte real. No importa que el príncipe encantador creciera en una cultura completamente diferente y adquiriera una educación, gusto y comportamiento. No importa que ninguno de los dos conociera las actitudes del uno y del otro en cuanto a los papeles de las esposas y los esposos. Todo lo que ellos tenían en común era un zapato de cristal y un pie al que ese zapato le servía.

Usted dirá: «Desde luego, el amor no funciona de esa manera. Esto es solo un cuento de niños». Eso es cierto. Pero en lo profundo de nuestro ser ansiamos a ese príncipe encantador o a la Cenicienta para que rectifique las injusticias y haga que desaparezca todo lo malo.

Muchas personas se casan para evitar o escapar de situaciones poco placenteras. Pero no importa lo gloriosa que sea la institución del matrimonio, no es un sustituto del trabajo difícil de sanidad espiritual interior. El matrimonio no borra el dolor personal ni elimina la soledad. ¿Por qué? Porque la gente primordialmente se casa para mejorar su bienestar, no para cuidar de las necesidades de su cónyuge. Los rasgos y sentimientos malos que usted trae consigo antes de casarse permanecen con usted cuando sale de la iglesia donde se casó. Un certificado de matrimonio no es un zapato mágico de cristal.

El matrimonio es, en realidad, solo una manera de vivir. Antes de casarnos, no esperamos que la vida sea toda color de rosas, pero al parecer, esperamos que el matrimonio sea de esa manera. El psiquiatra John Levy, que aconseja a muchas parejas casadas, escribe que «las personas que han encontrado que todo es decepcionante se sorprenden y se duelen cuando prueban que el matrimonio no es la excepción. La mayoría de las quejas en el matrimonio surgen no porque sea peor que el resto de la vida, sino por no ser incomparablemente mejor».[5]

Casarse no cura instantáneamente todas nuestras enfermedades, pero a través del tiempo el matrimonio puede llegar a ser un agente sanador poderoso. Si usted es paciente, el matrimonio lo ayudará a rebasar hasta algunas de las tribulaciones más fuertes.

Cuando tres psicólogos de Colorado hicieron una encuesta acerca del matrimonio en el *Rocky Mountain News*, se sorprendieron por «la cantidad de personas que sufrieron traumas de la niñez (como niños abusados o niños de padres alcohólicos o divorciados) y se curaron solo gracias a buenos matrimonios». Como explicó uno de los investigadores: «Los buenos matrimonios superan las cosas que tenemos, la tendencia de pensar que son pérdidas imposibles de recuperar o tragedias irreconciliables». En otras palabras, se ha producido un cambio importante: antes pensábamos en la terapia para el matrimonio, pero ahora pensamos en *el matrimonio como terapia*.

Todos nosotros, por lo menos inconscientemente, nos casamos con la esperanza de sanar nuestras heridas. Aunque no tengamos un origen traumático, sí tenemos heridas y necesidades insatisfechas que llevamos en el interior. Todos sufrimos los sentimientos de dudas, ser de poco valor e inadecuados. No importa lo cuidadosos que fueran nuestros padres, nunca recibimos suficiente atención y amor. Así que en el matrimonio miramos a nuestros cónyuges para convencernos de que valemos la pena y para curar nuestras dolencias.[6]

En *Getting the Love You Want* [Consiga el amor que desea], el psicoterapeuta pastoral Harvell Hendrix explica que un matrimonio saludable se convierte en un lugar para resolver los asuntos incompletos de la niñez. El proceso de sanidad comienza gradualmente al descubrir y reconocer nuestros problemas no resueltos de la niñez. El proceso de sanidad continúa a través de los años a medida que permitimos que nuestros cónyuges nos amen y aprendemos a devolver ese amor.

El príncipe Charles y la princesa Diana seguramente tenían esperanzas insatisfechas en su matrimonio de «libro de cuentos». Pocos se imaginaron el doloroso desenlace que años más tarde vendría. Sin embargo, Robert Runcie, Arzobispo de Canterbury, probablemente sí lo esperó. Él dio una homilía maravillosa en dicha boda. Él dijo: «De esto es de lo que están hechos los cuentos de hadas, el príncipe y la princesa el día de su boda. Pero, por lo general, los cuentos de hadas terminan con la simple frase: "... y vivieron felices para siempre". Y tal vez esto es así porque los cuentos de hadas consideran el matrimonio como el anticlímax después del romance del noviazgo. Este no es el punto de vista cristiano. Nuestra fe ve el día de bodas no como un lugar de llegada sino como el lugar donde comienza la aventura».

Qué pena que la pareja real no actuara de acuerdo al mensaje de Runcie. Qué pena que nosotros también prefiramos los mitos y los cuentos de hadas cuando pudiéramos vivir una aventura de la vida real.

Ejercicio 4:
Explorar los asuntos incompletos

El matrimonio no es un cúralo-todo de los problemas. Pero puede, con el tiempo, convertirse en un agente de sanidad, fomentando el crecimiento psicológico y espiritual. El ejercicio* *Explorar los asuntos incompletos* lo ayudará a comenzar unidos su peregrinaje sanador.

CUARTO MITO:
«MI CÓNYUGE ME COMPLETARÁ»

El viejo dicho «los polos opuestos se atraen» se basó en el fenómeno de muchos individuos que sienten atracción hacia las personas que las complementan, que son buenas en cosas en las que ellos no son buenos, que se complementan en algunas maneras.

El libro de Proverbios dice: «El hierro se afila con el hierro, y el hombre en el trato con el hombre».[7] Somos incompletos y tenemos diferencias que le dan al hierro su dureza, su poder para afilar. El matrimonio es una manera que Dios nos da para mejorar y afilar nuestros seres. El matrimonio nos desafía a alcanzar nuevas alturas y nos llama a ser la mejor persona posible, pero ni el matrimonio ni nuestro cónyuge nos completará mágicamente.

Por lo general, este mito comienza con la creencia de que las parejas con éxito fueron «destinadas» o «hechas el uno para el otro». Hemos aconsejado a muchas personas que, al tener dificultades en sus matrimonios, creyeron haberse equivocado al elegir a la persona con quien se casaron. Si hubieran elegido al «Sr. Correcto o a la Sra. Correcta» todo habría salido bien. ¡Por favor! Es ridículo creer que el éxito del matrimonio depende de encontrar una persona entre cuatro mil millones de personas en esta tierra que sea la perfecta para usted. Si usted es soltero/a, el hecho de que no haya una sola persona para usted no aminora la cuidadosa búsqueda de ese posible esposo/a. Pero si ya está casado/a y se está quejando porque su cónyuge no la realiza instantáneamente, no quiere esto decir que se casó con la persona equivocada.

Las parejas que se tragan el mito de que su cónyuge los realizará por completo, llegan a ser dependientes de su cónyuge de una

> El éxito de un matrimonio no consiste en encontrar la persona «correcta» sino en la habilidad de que ambos se ajusten a la persona real con la cual inevitablemente reconocen que se casaron.
>
> **John Fisher**

manera que de acuerdo a todas las normas no es saludable. Estas parejas cultivan lo que los expertos llaman una relación «enredada», que la caracteriza una dependencia general de su conyugue para continuo apoyo, seguridad y totalidad. Esto, por lo general, se acopla con la baja autoestima y un sentido de inferioridad que con facilidad controla el cónyuge.

El cónyuge dependiente desea felicidad, no un desarrollo personal. Ellos no están interesados en alimentar la relación sino en que el cónyuge los alimente. Ellos creen la mentira que dice que sin hacer esfuerzo alguno los realizarán solo por estar casados.

Lo opuesto de un matrimonio enredado es una relación de una autosuficiencia robusta, que a menudo se caracteriza por ignorar al cónyuge. Esta condición refleja el aislamiento y la independencia de los esposos que procuran ganar su sentido de realización sin apoyarse en alguien, ni siquiera en su cónyuge. Estas personas, también, están tratando en vano de compensar sus sentimientos de inferioridad.

Un sentido de realización nunca se puede lograr en una relación que sea enredada o aislada. Ambas son muy profundamente imperfectas y peligrosas. En su lugar, la realización se encuentra en una relación *interdependiente*, en la cual dos personas con amor propio y dignidad se comprometen a cuidar de su propio crecimiento espiritual, al igual que el de su cónyuge.

Estas relaciones también se conocen como relaciones Armazón-A (dependiente), Armazón-H (independiente) y Armazón-M (interdependiente).[8]

A H M

El símbolo de las relaciones *Armazón-A* es la letra A mayúscula. Los cónyuges tienen una fuerte identidad de pareja pero muy poca autoestima individual. Piensan en ellos mismos como una unidad en lugar de como individuos separados. Como las largas líneas en la letra *A*, se apoyan el uno en el otro. La relación se estructura de manera que, si uno se va, el otro se cae. Y eso es exactamente lo que sucede cuando uno de los cónyuges ya no necesita esa dependencia.

Las relaciones *Armazón-H* se forman como una *H* mayúscula. Los cónyuges se paran virtualmente solos, cada uno es autosuficiente y ninguno de los dos ejerce mucha influencia en el otro. Hay poca o ninguna identidad de pareja y poca conexión emocional. Si uno se va, el otro apenas siente algo.

Las relaciones *Armazón-M* descansan en la interdependencia. Cada uno tiene una alta autoestima y está comprometido en ayudar al otro cónyuge a crecer. Ellos podrían pararse solos, pero *escogen* estar juntos. La relación involucra influencia mutua y apoyo emocional. Las relaciones Armazón-M exhiben una identidad de pareja significativa. Si uno se va, el otro siente la pérdida, pero recupera su balance.

Como cuerdas separadas de un laúd que resuena con la misma música, hay belleza en un matrimonio que respeta el individualismo de su pareja. En un matrimonio interdependiente, el gozo es doble, y la pena se divide a la mitad.

Ejercicio 5:
Evaluar su autoimagen

Louis K. Anspacher dijo: «El matrimonio es esa relación entre el hombre y la mujer en la cual la independencia es igual; la dependencia, mutua y la obligación, recíproca». En el cuaderno*, el ejercicio *Evaluar su autoimagen* lo ayudará a construir una relación interdependiente y que lo realiza a uno.

UNA ÚLTIMA PALABRA SOBRE
EL MITO MARITAL

La meta de este capítulo ha sido ayudarlo a desmantelar cuatro mitos maritales comunes y peligrosos: (1) «Esperamos del matrimonio exactamente las mismas cosas»; (2) «Mejorará todo lo que es bueno en nuestra relación»; (3) «Desaparecerá todo lo que es malo en mi vida» y (4) «Mi cónyuge me realizará». Si está desanimado por haber creído tales cuentos como verdad, anímese. Todos llegan al matrimonio creyendo estas falsedades hasta cierto grado. Y todo matrimonio de éxito trabaja con paciencia para desafiar y desenmascarar estos mitos.

En los tiempos bíblicos, el status especial de «novia y novio» duraba todo un año: «No envíes a la guerra a ningún hombre recién casado, ni le impongas ningún otro deber. Tendrá libre todo un año para atender su casa y hacer feliz a la mujer que tomó por esposa».[9] El principio del matrimonio trae un tiempo de aprendizaje y adaptación. Todavía lo sigue siendo. Así que permítase ese mismo lujo.

> Los lazos del matrimonio son como cualquier otro lazo, maduran lentamente.
>
> **Peter de Vries**

PARA REFLEXIONAR

1. Con su cónyuge, comente las expectativas que tienen de su vida unida. ¿Qué valores o expectativas no expresadas trae cada uno de ustedes a su relación? ¿De qué maneras pueden ellos influir en la calidad de su matrimonio?

2. ¿Qué tres cosas importantes tuvo que dejar o tendrá que dejar para casarse? ¿Está penando por esas pérdidas? ¿Cuál es un intercambio positivo para usted?

3. ¿Cómo las parejas comprometidas edifican fachadas? ¿Qué hizo usted, intencionalmente o no, para causar una impresión positiva que no era real en su cónyuge? ¿Cuándo vino la desilusión?

4. ¿Cuán importante es «amarse a sí mismo» cuando se refiere a amar a su cónyuge? ¿Existe una correlación?

5. ¿Qué opina en cuanto a la idea de que el matrimonio puede ser terapéutico, un agente sanador? ¿En qué áreas de su vida siente que necesita sanidad? ¿Cómo su esposo podría ayudar en esas áreas?

6. ¿En qué punto la dependencia relacional se convirtió en enfermiza? ¿Y qué acerca de la independencia relacional? ¿Cómo sabe si está experimentando o no la interdependencia en el matrimonio?

¿PUEDE IDENTIFICAR EL ESTILO DE SU AMOR?

*El amor se debe aprender, y volverse a aprender
una y otra vez; esto no tiene fin.*
KATHERINE ANNE PORTER

Cuando preguntan: «¿Cuál es la clave para un buen matrimonio?», la respuesta que da casi un noventa por ciento de la población es: «Estar enamorado».[1] Sin embargo, si piden enumerar los ingredientes esenciales del amor como una base para el matrimonio, una encuesta de más de mil estudiantes universitarios reveló que «por lo menos la mitad de los que contestaron no mencionó ni un solo asunto». En otras palabras, no estamos de acuerdo en lo que es el amor. O quizás sea más exacto decir, no *sabemos* lo que es el amor. Como dijo una de las personas en la encuesta: «El amor es como el rayo, quizás no sepamos lo que es, pero sí se sabe cuándo le pega a una persona».

Hace quinientos años, Chaucer dijo: «El amor es ciego». Quizás tenía razón, pero ya es hora de dejar atrás la ceguera y mirar al amor directamente a la cara. En este capítulo presentaremos tres preguntas críticas: (1) ¿Qué es el amor? (2) ¿Cómo uno da y recibe amor? Y (3) ¿Cómo hacer que el amor dure toda una vida? Contestaremos estas preguntas explorando la anatomía del amor, sus partes y piezas.

Después veremos el estilo único del amor que cada persona trae al matrimonio. Entonces exploraremos los pasajes mediante los cuales cada pareja debe maniobrar si quieren mantener vivo el amor. Concluimos con un plan punto por punto para hacer que el amor perdure toda la vida.

LA ANATOMÍA DEL AMOR

«¿Y qué es amor?», preguntó Shakespeare en *Noche de reyes*. El eco de esta pregunta ha perdurado durante siglos y todavía no ha encontrado una respuesta definitiva. ¿Es el amor el deseo que busca complacerse a sí mismo como se describe en el poema de William Blake: «El amor solo busca complacerse a sí mismo»? ¿O es el amor la actitud sacrificada que describió el apóstol Pablo: «Todo lo disculpa, todo lo cree, todo lo espera, todo lo soporta»?

El amor, sea lo que sea, no es fácil de señalarlo, porque el amor es una mezcla extraña de cosas opuestas. Incluye afecto e ira, entusiasmo y aburrimiento, estabilidad y cambio, restricción y libertad. La paradoja máxima del amor es que dos seres se conviertan en uno, sin embargo, siguen siendo dos.

Hemos descubierto que la calidad paradójica del amor hace que algunas parejas se pregunten si realmente están enamorados. Todos los años conocemos a docenas de parejas comprometidas y casadas con este dilema. Scott y Courtney son un ejemplo. Solo les faltaban tres meses para el día de la boda, Scott rompió su compromiso porque no estaba seguro de si realmente quería a Courtney. La flecha de Cupido parecía haber perdido su fuerza y él estaba dando por terminada la relación.

«Siento un gran afecto por Courtney», nos confió Scott, «pero no estoy seguro de si alguna vez he estado enamorado de ella. Ni tan siquiera sé lo que es el amor». Scott, como muchos otros frente al precipicio de un amor para toda la vida, estaba inseguro y confundido. «¿Cómo sé si es verdadero amor o solo una emoción pasajera?», preguntó él.

¿Puede identificar el estilo de su amor?

Jennifer, otro ejemplo, dudaba en cuanto a su amor por Michael. Hacía casi una década que estaban casados cuando la intoxicación del amor se evaporó, o así parecía. Después de graduarse de la universidad, se casaron y comenzaron su peregrinaje con la carrera de cada uno, ella es una ejecutiva a cargo de los clientes y él es un trabajador social. Jennifer y Michael decidieron no tener hijos hasta «establecerse» mejor y ahora que ya lo habían logrado, Jennifer se pregunta si su amor también está establecido.

«¿Cómo vamos a tener un bebé si ni siquiera sé si todavía amo a Michael?», preguntó Jennifer. Lo pensó durante un momento y entonces agregó: «Estoy más cerca a Michael que nadie más, pero siento que somos buenos amigos y no tan buenos amantes. ¿Todavía estamos enamorados o no?».

Scott, que encara el matrimonio, y Jennifer, que comienza su segunda década del matrimonio, están preocupados porque el amor se les escurrió entre las manos o porque realmente nunca estuvieron enamorados. Ambos estaban luchando con la misma pregunta: «¿Qué es el amor?».

Ejercicio 6:
Definir el amor

Cada uno de nosotros tiene su propia definición del amor, aunque nunca la articulemos. En el cuaderno*, el ejercicio *Definir el amor* lo ayudará a usted y a su cónyuge a definir con más claridad lo que cada uno de ustedes entiende cuando dice: «Te amo».

Hace unos años era mucho más difícil contestar esta pregunta. Gran parte de la historia humana tenía el concepto de que el amor era la esfera de los poetas, filósofos y sabios. Los científicos sociales no tenían nada que ver con esto, en la creencia de que el amor era demasiado misterioso y demasiado intangible para el estudio científico.[2]

Por suerte, durante los años recientes el estudio del amor se ha convertido en algo más respetable y ya dejó de ser un tabú. Hoy se publican anualmente cientos de estudios y artículos profesionales sobre el amor. Y hay mucho que recoger de esta cosecha científica.

Robert Sternberg, un psicólogo de la Universidad Yale, es pionero de muchas de las nuevas investigaciones. Él desarrolló el «modelo triangular» del amor, una de las maneras de verlo más abarcadoras hasta la fecha.[3] En su modelo, el amor, como un triángulo, tiene tres lados: *pasión, intimidad y compromiso*.

PASIÓN

El lado *biológico* del triángulo es la pasión, la sensación de tintineo en la espina dorsal que nos lleva hasta el romance. Este comienza con nuestras hormonas. La pasión es sensual y sexual, caracterizada por la excitación fisiológica y un deseo intenso de afecto físico. Por ejemplo, el Cantar de los Cantares celebra el amor físico entre un hombre y una mujer en una poesía llena de pasión: «Ah, si me besaras con los besos de tu boca… ¡grato en verdad es tu amor, más que el vino!».[4]

Pero la pasión también puede ser posesiva, acunando una fascinación que bordea la obsesión. Lleva a las parejas a un nivel extremo de preocupación mutua, hasta el punto en que no soportan apartarse. Llegado a este punto, ni siquiera se consideran otras relaciones.

Sternberg explica que al principio las parejas experimentan una atracción física que se desarrolla con rapidez, pero después de un tiempo ellos incorporan el éxtasis de la pasión en la plenitud del cuadro del amor. La pasión pura busca lo suyo hasta que se vincula con la intimidad.

INTIMIDAD

La intimidad es el lado *emocional* del triángulo del amor. El amor sin intimidad es solo una ilusión hormonal. Uno no puede desear a otra persona durante una larga relación sin realmente *conocer* a esa persona.

La intimidad tiene una calidad de «mejor amigo» o «alma gemela». Todos queremos a alguien que nos conozca mejor que nadie más, y que aun así nos acepte. Y nosotros queremos a alguien que no tenga secretos para nosotros, alguien que nos confíe los secretos personales. La intimidad llena las ansiedades más profundas de nuestro corazón en cuanto a la cercanía y la aceptación.

Las personas que con éxito han formado una relación íntima conocen su poder y consuelo, pero también saben que no es fácil correr el riesgo de la emoción que permite que suceda la intimidad. Sin una cuidadosa alimentación, la intimidad se marchita. En *Cómo hallar el amor de tu vida*, Neil Clark Warren identifica la falta de intimidad como el enemigo número uno del matrimonio. Él sigue diciendo que si dos personas no se conocen profundamente, nunca van a unirse o vincularse, convirtiéndose en lo que la Biblia llama «una carne». «Sin la intimidad», dice él, «ellos estarán aislados y solos, aunque vivan bajo el mismo techo».[5]

El cumplimiento del amor depende de la proximidad, cosas en común, comunicación, honestidad y apoyo. Al igual que un corazón se entrega a cambio del otro, el matrimonio provee la expresión de intimidad más profunda y más radical.

COMPROMISO

El lado *cognitivo* y voluntarioso del triángulo del amor es el compromiso. El compromiso mira hacia el futuro que no se puede ver y promete estar allí… hasta la muerte. «Sin estar ligado al cumplimiento de nuestras promesas», escribe la filósofa Hannah Arendt, «podríamos estar condenados a vagar inútilmente en la oscuridad del corazón solitario de una persona».

El compromiso crea una pequeña isla de seguridad en las aguas agitadas de la incertidumbre. Como los amarres del matrimonio, el compromiso suple amor a nuestro cónyuge cuando la pasión no está tan candente y cuando nos atacan los tiempos turbulentos y los impulsos fieros.

El compromiso dice: «Te amo por ser quien eres, no por lo que haces o por lo que yo siento». El consejero suizo Paul Tournier describe los votos del matrimonio como un don: «total, definitivo, sin reservas... un compromiso personal e incambiable».[6] La longevidad del amor y la salud de un matrimonio dependen mayormente de la fuerza del compromiso.

Pasión, intimidad y compromiso son los ingredientes calientes, tibios y fríos de la receta del amor. Y estos ingredientes varían debido a que los niveles de la intimidad, pasión y compromiso cambian de tiempo en tiempo y de persona a persona. Usted puede visualizar la fluidez del amor al considerar cómo el triángulo del amor cambia de tamaño y forma a medida que los tres componentes del amor aumentan y disminuyen. El área del triángulo representa la cantidad de amor. Grandes cantidades de intimidad, pasión y compromiso dan por resultado un triángulo grande. Mientras más grande es el triángulo, más amor hay.

Con la ayuda de Sternberg, nos hemos aproximado a lo que es el amor, pero nos presiona una pregunta que falta por contestar: ¿Cómo se da y se recibe el amor? Para contestar esta pregunta primero estudiaremos los estilos de amor y luego examinaremos los pasos del amor.

ESTILOS DEL AMOR

A menudo asumimos que para nuestro compañero/a el amor significa lo mismo que para nosotros, pero la verdad es que dos personas raramente entienden lo mismo cuando dicen: «Te amo». En consejería matrimonial escuchamos una y otra vez las palabras a veces quejosas, otras veces desesperadas: «Ya dejé de amarla/o» o «Lo quiero, pero ya no estoy enamorada de él». Lo que por lo general esto quiere decir es que se perdió o cambió una cualidad en particular que la persona desea del amor.

> Hay tantas mentes como cabezas, por lo tanto hay tantas clases de amor como corazones.
>
> **León Tolstói**

Considere el caso de John y Mónica que vinieron a verme para pedir consejería después de solo quince meses de matrimonio. En su primera sesión, que estuvo tensa, ellos se quejaron de «ya no estar enamorados».

«Tú apenas me dices que me amas», dijo Mónica. Ella aguantaba las lágrimas mientras miraba a su esposo.

«Claro que te quiero», contestó John, «pero no tengo que estar diciéndotelo, *hago* cosas para ti. Mis actos hablan más alto que lo que dirían mis palabras».

John y Mónica, ¿dejaron de estar enamorados? No. Sus estilos de amor solo estaban fuera de sincronización y eso causaba tensiones insufribles. No es poco común para uno de los cónyuges, como John, sentir que ama a su esposa mientras que la esposa no se siente amada. Pero su amor no se ha escurrido, es que simplemente tomó un estilo que no está satisfaciendo las necesidades del cónyuge.

A medida que continuó la sesión con Mónica y John, descubrimos que «las cosas amorosas» que John hacía para Mónica incluían traer un cheque a la casa, arreglar aparatos eléctricos rotos y evitar las discusiones.

«Hay cosas que cualquier buen esposo podría hacer rutinariamente», dijo Mónica. «Eso no tiene nada que ver con lo que *yo* llamo amor». Mónica definía el amor en términos de palabras de cariño, regalos, toques, ternura, todo lo cual hacía a John sentirse incómodo porque no cabían en su idea del verdadero amor. Según John, lo que Mónica quería era el mero «amor peluche sin sustancia».

Tanto Mónica como John asumían que de la manera que ellos amaban era como su cónyuge quería que lo amaran, y ambos sentían que no los amaban por causa de esto. Ninguno estaba completamente consciente —y mucho menos mencionaremos la necesidad de adaptarse al otro— del estilo diferente de amar del otro.

Cuando Elizabeth Barrett Browning preguntó «¿Cómo te amo?» en uno de sus sonetos más famosos, es probable que ella nunca imaginara que un día la respuesta se estudiaría con precisión científica.[7] Pero eso es precisamente lo que los investigadores como Robert Sternberg intentan hacer. Su modelo triangular no solo identifica las partes y piezas del amor, también explica cómo los cónyuges como John y Mónica dan y reciben el amor de maneras diferentes.

> Te amo con toda la profundidad, amplitud y altura que mi alma pueda alcanzar.
>
> **Elizabeth Barrett Browning**

El triángulo de Sternberg puede cambiar la forma dependiendo de la variedad de los grados de pasión, intimidad y compromiso en la relación. Un triángulo con tres lados iguales representa lo que Sternberg llama un amor pleno, en el cual los tres componentes se combinan igualmente. Pero cuando un lado del triángulo se hace más largo que los otros, surge una nueva clase de estilo de amor desequilibrado: sea *romántico, tonto* o *de compañerismo*.

Amor romántico, el cual descansa en una combinación de intimidad y pasión, es la atracción física mezclada con un profundo sentido de solicitud. Pero los compromisos toman un puesto secundario en el amor romántico.

¿Puede identificar el estilo de su amor?

Amor tonto es el resultado de una combinación de pasión y compromiso. Pero esta vez, la intimidad está mayormente ausente. Es tonto en el sentido de que se hace un compromiso basándose en la pasión sin el elemento estabilizador del conocimiento íntimo.

Amor de compañerismo proviene de una combinación de intimidad y compromiso con la pasión desvaneciéndose a la distancia. Es esencial una amistad a largo plazo y comprometida. Esto sucede en el matrimonio cuando la atracción física se hace menos importante que la seguridad de conocer y ser conocido por su cónyuge.

A veces, los matrimonios desdichados se basan exclusivamente en el amor romántico, el amor tonto o el amor de compañerismo.

Pero los matrimonios con éxito demandan más, incluso cuando el estilo de amor romántico, tonto o de compañerismo se convierte momentáneamente en predominante.

El amor pleno es el resultado de una plena combinación de los tres componentes del amor: pasión, intimidad y compromiso. El amor pleno es la meta por la cual luchan todos los matrimonios, y la mayoría de los matrimonios lo logran, por lo menos durante un tiempo. Sin embargo, *mantener* el amor pleno es el punto en que muchos matrimonios fracasan. Lograr el amor pleno es como alcanzar la meta propuesta en un programa de pérdida de peso, a menudo alcanzar la meta es más fácil que mantenerla. El logro del amor pleno no es garantía de que durará indefinidamente. No será así.

El patrón del matrimonio no encierra el amor pleno de una vez y por todas, debido a que en el matrimonio los estilos de amor sufren cambios. A veces, para uno de los cónyuges algunos elementos tienen más fuerza que otros, y surge un estilo de amar que no está de acuerdo con el estilo del cónyuge. En el caso de John y Mónica, John valoraba el amor de compañerismo en ese punto de su relación, mientras que Mónica quería el amor romántico. Él necesitaba un sentido más profundo de vinculación y certidumbre, pero su esposa deseaba más sensualidad. Ellos estaban satisfaciendo la necesidad de intimidad mutua pero no satisfacían la pasión y el compromiso. Por el momento estaban en desacuerdo.

Al volver a los ejemplos que aparecen al principio del capítulo, comprendemos el problema de Scott y Courtney. Scott rompió sus relaciones con Courtney porque él estaba afectado por el estilo de amor romántico y se sintió inseguro en cuanto a un compromiso de por vida. Mientras que la intimidad y pasión estuvieran vivos y bien, Scott temía que sus sentimientos fuertes de atracción solo fueran una fase momentánea. En una agonizante sesión de consejería, él y Courtney decidieron no terminar con sus relaciones, sino permanecer comprometidos y posponer la boda. Cuatro meses más tarde, después que Scott tuvo tiempo para cultivar el compromiso en su estilo de amor, volvieron a fijar una nueva fecha para la boda y se casaron más adelante en ese año.

Jennifer y Michael, que hacía diez años que estaban casados, también sufrían de falta de sincronización en su estilo de amarse. El amor de Michael era robusto, apoyado por la pasión, intimidad y compromiso. Pero Jennifer había perdido el sentimiento apasionado.

> Tenemos muy poca fe en los altibajos de la vida, del amor, de las relaciones.
>
> **Anne Morrow Lindbergh**

Su estilo de amor de compañerismo causó que ella llegara a dudar de su verdadero amor por Michael y se preguntara si era sabio tener un bebé. No obstante, después de un escape romántico con Michael, que debió hacerse mucho antes, y algunas acciones deliberadas para cultivar la pasión, el estilo de amor de Jennifer volvió a sincronizarse con el de su esposo.

Así es el baile del amor. Día tras día tropezamos con torpeza, damos traspiés, y hasta pisamos los pies del otro en nuestras relaciones. Pero eso no disminuye los momentos de gracia cuando dos cónyuges por fin experimentan el mismo ritmo de pasión, intimidad y compromiso.

Anne Morrow Lindbergh escribió acerca del baile del amor en su maravilloso librito *Regalo del mar:*

Cuando tú amas a alguien, tú no lo amas todo el tiempo, exactamente del mismo modo, de momento a momento. Esto es imposible. Es aún una mentira pretenderlo. y todavía esto es exactamente lo que en mayor parte nos demanda. Nosotros tenemos tan poca fe en el flujo y reflujo de la vida, de amor, de relaciones. Nosotros brincamos en el flujo de la marea y resistimos con terror cuando mengúa. Nosotros tenemos miedo que nunca vuelva. Insistimos en la permanencia, en la duración, en la continuidad; cuando la única continuidad posible, en la vida como en el amor, es el crecimiento, en la fluidez, en libertad...[8]

ASEGURA LA MONOGAMIA CALIENTE

Ya que estamos hablando acerca del amor que perdura toda la vida, queremos pintar un cuadro de cómo son los pasos de tu vida de amor por los cuales debes pasar. Sin embargo, antes de hacerlo, creemos que es importante en este capítulo hablar primero acerca del sexo. Después de todo, tú estás pensando en eso, y es bueno que lo estés pensando. ¿Por qué? Porque tu cerebro es el órgano sexual más importante que tienes.

El sexo humano opera de la «corteza» una fina capa exterior del cerebro donde se realiza todo el proceso de aprendizaje. Los humanos usan su muy desarrollado cerebro para aprender cómo, cuándo, dónde y si van a expresar sus urgencias sexuales, esta habilidad de controlar es lo que nos separa de los animales.

Entonces, ¿quiere esto decir que tener sexo como un esposo y esposa no incluye «instintos animales»? ¡Claro que los incluye!

Hace poco pasamos todo un día, desde el desayuno hasta la comida, con los renombrados terapeutas Clifford y Joyce Penner de Pasadena, California. Durante casi tres décadas, el matrimonio Penners, autores de *El regalo del sexo* ha aconsejado a personas en asuntos relacionados con la sexualidad y ha escuchado todo tipo de historia concebible que usted pueda imaginar sobre este tema. Han dedicado sus vidas profesionales a ayudar a las personas a disfrutar la sexualidad en toda su plenitud. Entienden el mecanismo de lo que hace bueno al sexo y por qué a veces es dolorosamente equivocado.

Entonces, ¿qué aprendimos del matrimonio Penners acerca de tener un buen comienzo de su vida sexual? Primero, usted tiene que reconocer que tal vez su cónyuge no se sienta interesado en el sexo cada vez que a usted le interese. El deseo sexual no es «contagioso». No se puede esperar que automáticamente el cónyuge sienta el mismo deseo que usted siente. Piense en su deseo sexual como un apetito. «De la misma manera que cada uno de ustedes difiere en sus apetitos de comida», dice Joyce Penner, «así también se experimenta diferencias en el apetito sexual». El asunto es que usted tendrá que aprender a coordinar sus deseos sexuales sin «sobrealimentar» a uno de ustedes.

Otro hecho importante que se debe recordar es que el sexo entre un esposo y una esposa no necesita ser espontáneo. Las películas lo hacen ver como que el sexo siempre es un momento emocionante de pasión que sucede con naturalidad, sin planearse. ¿Se imagina cuántos guiones se escriben y se preparan para que parezca de esa manera? En realidad, las parejas casadas no esperan que los agarre una energía misteriosamente erótica. Como dicen los Penners: «Algunos de los encuentros sexuales más satisfactorios entre usted y su cónyuge con frecuencia serán los que se planean y de los cuales se habla».

Ejercicio 7:
Hacer que su vida sexual tenga un gran comienzo

Dice Somerset Maugham: «... difícilmente exista alguien cuya vida sexual, si fuera transmitida por radio, no llenara el mundo entero de sorpresa y horror». Tal vez él esté en lo cierto, pero mediante este ejercicio* intentamos ayudar a minimizar ambas cosas mientras maximizamos su vida de amor.

De hecho, mientras más se hable de su vida sexual, más posible será que sea plena. Es por eso que hemos incluido un extenso cuaderno de ejercicios: con ejercicios sobre este tema.

¿QUÉ SUCEDE CUANDO SOLO CONVIVIMOS?

Cuando hablamos con parejas comprometidas de cómo incrementar la probabilidad de que esa relación de amor perdure, a menudo surge el tema de la cohabitación. No hace mucho, este tipo de relación era poco frecuente, una de cada 141 parejas. Hoy día son dos tercios de las parejas. Dicho de otra forma, en 1960, había unas 450.000 parejas que convivían.[9] Hoy día esa cifra es de más de 7,8 millones.[10] ¿Por qué? Por razones pragmáticas, como compartir los gastos, hace de esta forma de vida muy atractiva para algunas personas. Y otras muchas creen que es una de las mejores maneras de prepararse para el matrimonio.

De hecho, el Proyecto Nacional de Matrimonio (National Marriage Project) en la universidad de Virginia, estimó que la mitad de los jóvenes de veintitantos años estaban de acuerdo con la afirmación, «Solo se casará con la persona que esté de acuerdo con convivir antes, para ver si la relación funciona». Dos tercios dijeron que creían que vivir juntos antes del matrimonio es bueno para evitar los divorcios.[11]

Entonces, ¿Produce el cohabitar matrimonios fuertes o, por el contrario, incrementa la probabilidad del divorcio? Esto es lo que sabemos: Parejas que cohabitaron antes del matrimonio (y particularmente antes de comprometerse) tienden a sentirse menos satisfechas con sus matrimonios que las parejas que no lo hacen. Este resultado negativo se denomina efecto de cohabitación.

Los investigadores caracterizan este efecto como «deslizante, no decisivo».[12] Es el movimiento gradual de tener citas a pasar la noche juntos ocasionalmente, a hacerlo con frecuencia, hasta convivir, un movimiento que no se establece por los anillos de compromiso, las ceremonias o en ocasiones ni siquiera una conversación. Las parejas eluden hablar acerca de las razones por las que quieren convivir y lo que conllevará.[13]

Pero el lado detrimental de la cohabitación va más allá de «deslizarse», la psicóloga Meg Jay, autora de *The Defining Decade* [La década definitiva], afirma que se debe a la «asimetría de género».[14] Las mujeres ven la cohabitación como un paso hacia el matrimonio, mientras que los hombres la ven como una manera de evitar el matrimonio. Es fácil ver cómo tales motivos conflictivos, y a menudo inconscientes, pueden ser contraproducentes.

Sin embargo, tanto las mujeres como los hombres concuerdan en un aspecto, y es que los criterios que establecen para la otra persona con la que conviven son menos rigurosos que los que tienen para la persona con la que se casarían.[15] Las personas que cohabitan quieren sentirse comprometidas con sus compañeros, y aún no saben con certeza si los han escogido conscientemente. Las relaciones fundamentadas en la conveniencia o la ambigüedad pueden interferir con el proceso de reclamar a la persona que amamos. Una existencia basada en el «quizás lo harás» no parece tan dedicada a la relación como una vida construida en torno al «si queremos» del matrimonio.

Quizás esta sea la razón por la que Pablo, mucho antes de que se llevaran a cabo todos estos estudios, escribió, «¿No saben que el que se une… se hace un solo cuerpo con ella? Pues la Escritura dice: "Los dos llegarán a ser un solo cuerpo". Pero el que se une al Señor se hace uno con él en espíritu».[16]

Si están considerando convivir antes de contraer matrimonio, o si ya lo están haciendo, es un tema que merece la pena discutir con un consejero en el que confíen, consejero matrimonial o ministro.

LAS ETAPAS DEL AMOR

¿Quién, recién enamorado, preocupado desde la mañana hasta la noche con pensamientos de amor, puede creer que alguna vez ellos se saldrán de su patrón, y que el sentimiento que están experimentando tan fuertemente se acabará? Realmente ninguna novia o novio quiere oír que sus llamas de amor con el tiempo se irán apagando. Pero en un sentido, así será. El amor apasionado que comienza un matrimonio no puede sostener un matrimonio. Los recién casados que igualan el verdadero amor solo con pasión están destinados a la desilusión.

El amor que usted ahora tiene por su cónyuge sufrirá muchos cambios y evolucionará en muchas formas diferentes a través del tiempo que lleven juntos. Aceptar este hecho lo puede ayudar a mantener vivo su amor, salvando su matrimonio antes de que comience. Pero más importante aún es aceptar la naturaleza cambiante del amor que le permite relajarse y disfrutar de sus muchas manifestaciones. A través del tiempo usted verá cómo muchas formas del amor se fortalecerán y profundizarán sus relaciones, enriqueciendo sus vidas con su exquisita belleza y carácter único.

Todos los matrimonios encaran momentos de presiones que prueban la sustancia de una pareja: adaptarse uno al otro, comenzar una nueva carrera, el nacimiento del primer hijo y de los hijos subsecuentes, hijos que se van para la escuela y se mudan de la casa, enfermedades graves y el retiro. Estos hitos pueden causar trastornos hasta en los matrimonios más felices. Si no se esperan cambios ni se planean, el amor se saldrá del camino. Pero si el matrimonio es bueno y se anticipan los cambios, hay un proceso gradual de aclimatación, y el amor encuentra un nuevo sentido de realización.

> El amor joven es una llama, muy bonita, muy caliente y feroz, pero aun así no es más que luz y parpadeo. El amor del corazón más viejo y disciplinado es como ascuas que se queman en lo profundo y son inextinguibles.
>
> **Henry Ward Beecher**

El matrimonio es un peregrinaje que atraviesa pasajes previsibles, o etapas, de amor. Estas etapas: romance, luchas de poder, cooperación, mutualidad y creatividad conjunta, son temporadas secuenciales del amor en el matrimonio. Cada etapa tiene sus propios desafíos y oportunidades y cada una se edifica sobre las anteriores llevando con el tiempo su vida de amor a su potencial pleno.[17]

PRIMERA ETAPA: ROMANCE

La etapa inicial del amor en el matrimonio es el romance, un tiempo cuando las parejas casi olvidan que ellos son individuos únicos con identidades separadas. En esta etapa del encanto, la pareja se deleita el uno con el otro. Se esfuerzan para satisfacer sus más profundas necesidades de intimidad, experimentan una clase de unión mística y celebran el éxtasis de dicha y pertenencia.

SEGUNDA ETAPA: LUCHA POR EL PODER

Esta etapa, en la que abunda la tensión, comienza cuando surge la idiosincrasia y las diferencias se manifiestan. Dos personas independientes formando una manera de vivir juntas, con el tiempo se precipitan en la lucha del poder y deben aprender a ajustarse a las costumbres del uno y del otro. La intensidad y tumulto de esta etapa varía entre las parejas, pero casi todas las parejas se ven involucradas en la lucha. Pasar con éxito a través de esta etapa permite que cada uno diga: «Está bien. Yo deseo admitir que mi romance con un cónyuge perfecto es una ilusión. Sin embargo, todavía estoy fascinado con el misterio de quién eres tú y estoy dispuesto a seguir el romance contigo y a viajar juntos hacia un amor más maduro».

> Si yo estoy unido a otra persona porque no me puedo sostener sobre mis dos pies, él o ella debe ser un salvavidas, pero la relación no es de amor.
>
> **Erich Fromm**

TERCERA ETAPA: COOPERACIÓN

Esta etapa es como un aliento de aire fresco para las parejas que han seguido el curso y navegan con éxito el pasaje peligroso de la fuerza del poder. Ahora se presenta el cambio de un sentido de aceptación y voluntad. La relación adquiere una nueva profundidad a medida que comienzan maneras más saludables de relacionarse. Las parejas en esta etapa reconocen que el amor no se trata tanto de mirarse *hacia afuera* el uno al otro como de verse *interiormente* a ellos mismos y tomar las responsabilidades de sus problemas personales. En esta etapa las parejas abandonan la ilusión de que su cónyuge necesita hacerlos felices y redefinen el amor al enfrentarse con sus temores y defensas, proyecciones y dolores.

CUARTA ETAPA: MUTUALIDAD

Mientras que un cambio monumental comenzó en la etapa tres, todavía hay un tiempo cuando los problemas y temores antiguos vuelven a surgir, especialmente durante los momentos de tensiones. Pero a medida que aumenta el amor, las parejas eventualmente entran a una nueva etapa, casi inesperadamente, donde la intimidad se convierte en una manera fundamental de estar juntos. Esta es una etapa de sentirse unidos el uno con el otro, donde cada uno tiene una sensación segura de pertenencia. Exactamente cuando las parejas están preguntándose si podrán escapar de los patrones viejos y poco saludables, descubren una nueva realidad, y están sorprendidos del gozo de la intimidad mutua.

QUINTA ETAPA: CREATIVIDAD CONJUNTA

En la cuarta etapa, la intimidad que cada pareja añora y lucha por lograr es una realidad experimentada. Pero a medida que los cónyuges van envejeciendo, se retiran y encaran el fin de la vida juntos, desarrollan una energía más pronunciada de creatividad conjunta. El ritmo de la intimidad llega a un nuevo y final florecimiento. El amor abunda. Seguros de sí mismos y de su amor, las parejas tienen un abundante flujo de energía para la acción en el mundo entero. Este período profundo y pacífico de amor trasciende todas las etapas previas y da por resultado un amor más fuerte y profundo que ningún otro. En la creatividad conjunta, las parejas reconocen que no solo están hechas el uno para el otro sino que también están llamadas a un ministerio de amor para todos y para toda cosa. Por lo tanto, la pareja co-creativa desarrolla una red de interrelaciones significativas que apoya el matrimonio y profundiza su gozo. En esta etapa final, los cónyuges pueden decir: «Le hemos puesto muchos kilómetros a este matrimonio. Ha sido desesperante, eufórico, horrible, maravilloso, que amarra y que libera. Ha sido la fuente más íntima de conflictos y gozo. ¡No obstante, tiene mucho que ofrecer!».

El amor cambia durante la vida. Pero no es menos íntimo, ni menos significativo, ni menos importante. Porque de acuerdo a la medida en que disminuye esa joven pasión, lo que queda vacante se reemplaza con un sentido de intimidad, cuidado y creatividad conjunta más profunda y más perdurable. A medida que las llamas se van apagando, surgen las ascuas que se queman en la profundidad.

Ejercicio 8:
Su estilo cambiante de amor

Comprender que ese amor no siempre contiene cantidades iguales de los mismos ingredientes ayuda a las parejas a prepararse para el cambio de estilo del amor lo largo de sus vidas. En el cuaderno*, el ejercicio *Su estilo cambiante de amor* lo ayudará a usted y a su cónyuge a explorar cómo su amor se puede desarrollar.

HACER QUE EL AMOR PERDURE TODA LA VIDA

«Casi no hay ninguna empresa que comience con tantas esperanzas y expectativas, y, sin embargo, fracase con tanta regularidad como el amor», dijo Erich Fromm. El título de su libro clásico *El arte de amar*, es un mensaje en sí mismo. El amor que perdura toda la vida no sucede por casualidad pero es un arte que se debe aprender, practicar y pulir.

Cada matrimonio con éxito es el resultado de dos personas que trabajan diligente y habilidosamente para cultivar su amor. Cuando combinan la pasión, la intimidad y el compromiso, tienen la capacidad de desarrollarse en un matrimonio floreciente y saludable.

> Cuando el amor y la habilidad funcionan juntas, espere una pieza maestra.
>
> **John Ruskin**

Aquí presentaremos algunas sugerencias para sembrar en su propio Edén marital.

CULTIVAR LA PASIÓN

«¿Qué pasó con el romance y la pasión?», dijo Kelli llorando, cuyo Don Juan de repente se convirtió en un haragán sembrado en un sofá. Antes de casarse, Kelli y Mike disfrutaban picnics románticos y de una pasión plena de besos, a veces hasta se robaban un beso mientras esperaban por un cambio de luz de un semáforo. A veces Mike sorprendía a Kelli con un ramo de flores. Y Kelli a menudo le brindaba a Mike su helado favorito, mantequilla de maní y chocolate.

«Él era un romántico por excelencia», decía Kelli con tristeza. «Ahora todo lo que hace es venir a la casa, agarrar el control remoto y repasar los canales de televisión. A veces creo que considera la televisión más interesante que yo».

La pérdida del romance apasionado es una queja común, tanto entre las parejas que llevan un año de casadas como las que llevan veinticinco años. Tal pareciera que igual que se barren el confeti y el arroz y se congela el último pedazo del pastel de la boda, también se barre y se congela la pasión de la pareja.

Es falto de realismo esperar que el punto culminante de la pasión sea constante. Pero de ninguna manera el matrimonio requiere que la pasión se ponga sobre hielo. Con el tiempo, el amor es menos excitante por la misma razón que bajarse por segunda vez de un tobogán rápido es menos excitante que la primera vez. Pero como le podría decir una pareja que lleva mucho tiempo felizmente casada, la emoción podrá disminuir, pero el verdadero placer todavía puede aumentar.

La ciencia está de acuerdo. Un estudio de un grupo de estudiantes de último año de secundaria y un grupo de parejas que han estado casadas durante más de veinte años descubrieron que ambos grupos tenían un punto de vista en cuanto al amor más romántico y apasionado que las parejas que tenían menos de cinco años de casados.[18] Los investigadores llegaron a la conclusión de que los estudiantes de secundaria no abandonaron su punto de vista romántico del amor, y las parejas mayores estaban disfrutando «la pasión boomerang» como resultado de su inversión a largo plazo en cultivar sus matrimonios.

¿Cuáles son los secretos de estas florecientes parejas más viejas?

¿Cómo ellos reavivaron la pasión que a veces parpadeaba? He aquí tres de las estrategias de las parejas felizmente casadas:[19]

Practicar el toque significativo. Desde hace mucho tiempo los terapeutas sexuales saben qué aprenden con rapidez las parejas con éxito en el matrimonio. Afecto, en la forma de tocar, no es solo un preliminar para hacer el amor, es el lenguaje que habla con más elocuencia que las palabras. Sheldon Van Auken, cuando escribió acerca de su matrimonio con Davy en el libro *A Severe Mercy* [Una misericordia severa], ilustró la profundidad del toque: «Davy se me había acercado cautelosamente y todavía estaba agachada cuando la apreté entre mis brazos y ella se acurrucó contra mí. Ninguno de nosotros habló, ni siquiera susurramos una palabra. Estábamos juntos, estábamos cerca, estábamos maravillados por una gran belleza. Sé que a nosotros nos parecía que éramos uno por completo: no necesitábamos hablar». El toque significativo es el lenguaje de la pasión.

Planear experiencias divertidas para los dos. Estar casados no significa que la diversión ha terminado. Las parejas de éxito trabajan diligentemente para vincular a sus compañeros con experiencias positivas. Las comidas románticas, los viajes al teatro y las vacaciones nunca dejan de ser importantes para ellos. La pasión decae cuando los esposos comienzan a vincularse a sus cónyuges en primer lugar con la ropa sucia que con descuido se tira en el piso, órdenes ladradas, llanto y gruñidos. La pasión solo puede sobrevivir y prosperar si la pareja continúa sus «citas» incluso después de estar casados.

> Cuando dos personas están bajo la influencia de las pasiones más violentas, más locas, más ilusorias y más pasajeras, se les requiere jurar que permanecerán con esa misma condición agotadora, emocionante y anormal hasta que la muerte los separe.
>
> **George Bernard Shaw**

Halagar diariamente a su cónyuge. El elemento más importante de la pasión romántica tanto para el esposo como para la esposa es sentirse especial. No solo quieren sentirse sexualmente atractivos ante su cónyuge, sino que además quieren saberse apreciados. Los halagos hacen sentirse bien, al que lo da y al que lo recibe. Así que, para parafrasear la canción de James Taylor: «Derrame muchos halagos a la persona que ama».

Cuando se trate de la pasión en el matrimonio, lo principal es que la intensidad de la primera pasión es solo el comienzo. A menudo los ilustramos de esta forma: Un avión de propulsión a chorro desde Seattle hasta New York usa ochenta por ciento de su combustible para despegar. Se requiere una tremenda cantidad de energía para lanzar al avión de manera que alcance una altitud cómoda para su vuelo. El despegue, sin embargo, es solo el principio. El vuelo es la parte importante del viaje, y este requiere una clase diferente de energía, una con un poder más sostenido y uniforme. Para cultivar la pasión profundamente arraigada usted debe evitar años de turbulencia marital innecesaria y disfrutar el remontarse a altitudes nunca imaginadas.

CULTIVAR LA INTIMIDAD

Idealmente los esposos y las esposas deben ser los mejores amigos, al igual que amantes, y compartir sueños, intereses, temores y esperanzas. Pero de acuerdo a Stacey Oliker, una socióloga y experta en matrimonio, la diferencia entre la verdadera intimidad y la vida real sigue siendo ancha. Solo una pequeña minoría de parejas experimenta la intimidad genuina.[20]

¿Cómo puede ser esto? Oliker dice que los patrones del matrimonio buscan llenar este vacío al tener más intimidad con los amigos cercanos que con sus cónyuges. En *Best Friends and Marriage* [Mejores amigos y matrimonio], ella declara, como un ejemplo, que muchas mujeres buscan amigos o parientes antes de confiar en sus esposos. De manera similar, cuando les pidió a los hombres que nombraran a la persona con la que más les gustaría hablar acerca de sus sueños futuros y ambiciones, los amigos cercanos sobrepasaron a las esposas.[21]

¿Quiere esto decir que los casados no deben tener amigos cercanos? Claro que no. Lo que quiere decir es que necesitamos tener un cuidado especial para cultivar la intimidad en nuestro matrimonio. Aquí hay algunas cosas que debemos recordar:

Pasar tiempo juntos. Una de las grandes utopías de nuestra época es que el amor se sostiene por sí mismo. No es así. El experto en matrimonio, David Mace, dice: «El amor se debe alimentar y cuidar… esto, primero y principalmente, demanda tiempo». Los estudios indican que la felicidad marital está muy correlacionada con la cantidad de tiempo que empleen juntos. Con frecuencia animamos a las personas ocupadas a planear almuerzos juntos o «noches sin televisión» en la casa. Hablar de corazón a corazón no sucede en medio de la prisa.

Escuche con un tercer oído. Los estudios sobre compartir la intimidad indican que «no escuchar

> Para ser amado sea amable.
>
> **Ovidio**

realmente» es el error más fundamental que cometen las parejas. Tenemos la tendencia de interrumpir a nuestros cónyuges o ser impacientes mientras están contándonos una historia. Pero la intimidad se cultiva cuando escuchamos con paciencia, no solo las historias, sino también los sentimientos que nuestros cónyuges expresan. Si usted aprende a hacer esto, florecerá la intimidad en su matrimonio. (En el capítulo seis trataremos esto con más detalles).

Practicar la aceptación incondicional. Solo se puede compartir de la manera más profunda cuando no existe el temor al rechazo. Algunas personas casadas caminan sobre cascarones de huevo alrededor de sus cónyuges, temiendo que puedan decir o hacer algo que los moleste. Una mujer recién casada nos dijo una vez que le daba miedo cocinar cuando su esposo estaba en la casa porque no importaba cómo ella preparara la comida, él siempre encontraba algún motivo para criticar la manera en que la hizo. Nada drena la relación de intimidad con mayor rapidez que la ansiedad. Y nada promueve más la intimidad que saber que usted está incondicionalmente aceptado, aunque no sea perfecto.

> El amor es como un partido de tenis, usted nunca ganará constantemente hasta que aprenda a sacar bien.
>
> **Dan P. Herod**

Enfocarse en las cosas en común. La intimidad aumenta cuando nos interesamos en compartir las emociones, experiencias y creencias. Cualquier pareja que ha estado felizmente casada durante cincuenta años le dirá las diferencias: «Él siempre es intranquilo, a mí me gusta relajarme»; «A él le gustan los dulces, a mí me gustan las comidas saladas»; «Él es demócrata, yo soy republicana». Pero a pesar de sus diferencias usted escuchará declaraciones que revelan sus cosas en común. Por lo general comienzan con nos: «Nos reímos de las mismas cosas»; «Nos encantó viajar a Nueva Inglaterra»; «Apoyamos una misión en la ciudad». Mientras más la pareja se enfoque en lo que tienen en común, más profundamente aumentará la intimidad.

¿Puede identificar el estilo de su amor?

Explorar juntos el terreno espiritual. La falta de intimidad a menudo puede remontarse a la falta de vitalidad espiritual. Un estudio mostró que la espiritualidad ocupa el rango de las seis características más comunes de las parejas fuertes.[22] Cuando dos personas tienen hambre espiritual o conciencia espiritual en común, se hacen almas gemelas. En otras palabras, la espiritualidad es el alma del matrimonio; sin raíces espirituales, las parejas se quedan con un vacío y superficialidad que previene la intimidad genuina. (En el capítulo siete tendremos una explicación más detallada acerca de esto).

Las parejas que no cultivan la intimidad, como máximo, vivirán en un matrimonio «vacío». Coordinarán los detalles prácticos de su vida diaria (quién hace los mandados, qué auto se debe comprar), pero vivirán en un vacío emocional y espiritual, sin nunca disfrutar a plenitud la belleza del amor.

Ejercicio 9:
Cultivar la intimidad

Las parejas casadas más satisfechas conocen el corazón de cada uno. En el cuaderno*, el ejercicio *Cultivar la intimidad* lo ayudará a usted y a su cónyuge a abrir sus corazones y profundizar su sentido de intimidad.

CULTIVAR EL COMPROMISO

Tevye, en *Un violinista sobre el tejado*, de repente quiso saber si su esposa, con quien llevaba veinticinco años, lo quería y le preguntó directamente: «¿Me quieres?». Habían arreglado su matrimonio y como Tevye le explicó a su esposa: «Mi padre y madre dijeron que aprenderíamos a querernos. Y ahora te estoy preguntando, Golde, ¿tú me amas?». Al rato Golde dijo: «Yo me imagino que sí». A lo que

Tevye replicó: «Es bueno saberlo después de veinticinco años». Y así es. Aunque la euforia romántica de los sentimientos disminuirá con el tiempo, otra clase de amor, anclado al compromiso, tomará su lugar y traerá una paz estabilizadora a su matrimonio.

A continuación, veremos algunas sugerencias para cultivar el importante elemento del compromiso en su nuevo matrimonio:

Evalúe el alto valor del compromiso. Nunca es suficiente recalcar más y más la importancia del compromiso para sostener el amor durante toda una vida. Tres médicos que estudiaron 6.000 matrimonios y 3.000 divorciados llegaron a la conclusión: «Tal vez no haya nada más importante en el matrimonio que una determinación que debe persistir. Con tal determinación los individuos se esfuerzan para ajustarse y aceptar situaciones que parecerían ser suficientes motivos para separarse, si continuar el matrimonio no fuera el objetivo primario».[23] El compromiso es la argamasa que sostiene en su lugar correspondiente las rocas del matrimonio.

Satisfaga las necesidades de su cónyuge. Todos los que tomaron una clase de psicología general y estudiaron la jerarquía de Abraham Maslow, le pueden decir que los seres humanos tienen una necesidad fundamental de seguridad. Una de las mejores formas de darle seguridad a la persona es satisfacer tantas de sus necesidades diarias como se pueda. Una vez que los cónyuges satisfagan sus necesidades mutuas como, por ejemplo, descansar después del trabajo, o la necesidad de salir una noche a la semana, surge el nivel de seguridad en la relación. Satisfacer, aunque sea la más pequeña de las necesidades puede cultivar la seguridad del compromiso.

Honre la promesa de su cónyuge. La gente puede llegar a enfocarse tanto en su propio compromiso y en los sacrificios que están haciendo por su matrimonio que pierden la belleza de la promesa que les hicieron su cónyuge. Aconsejamos a un joven durante su primer año de matrimonio que creyó que mantener un compromiso era algo como un juego de tontos, una estafa moral diseñada para privarlo de su oportunidad de tener felicidad. Su matrimonio no le satisfacía tanto como él esperaba, así que estaba listo para cortar y seguir adelante, aunque su esposa le era desesperadamente devota. Hasta que nosotros lo señalamos, él ni siquiera había considerado el gran compromiso que ella le otorgaba como un regalo. Pero al reconocer la fidelidad con la que ella honraba sus votos de amor, este joven esposo decidió que él también podría aspirar a tener el fino arte de mantener la promesa. Honrar la promesa de nuestro cónyuge es una buena forma de cultivar el compromiso.

Haga que su compromiso sea parte de su ser. En una escena de la obra de teatro de Thomas Bolt *A Man for All Seasons* [Un hombre para todas las temporadas], Thomas More explica a su hija Margaret por qué él no puede retroceder ante un juramento que haya hecho: «Meg, cuando un hombre hace una promesa, se coloca en sus propias manos como si fuera agua. Y si abre los dedos, no tendrá esperanza de volver a encontrarse». Como seres humanos, nos creamos y definimos mediante los compromisos, y esos compromisos se convierten en una parte íntegra de nuestra identidad. Cuando contradecimos nuestros compromisos, nos perdemos y sufrimos una crisis de identidad. Usted puede fortalecer su compromiso con su cónyuge al decidir hacerlo una parte vital de su ser, dándole unas prioridades tal que romperla sea como romper lo que usted es.

Cada matrimonio próspero se fundamenta en la pasión, la intimidad y el compromiso. Cultivar estos tres elementos lo ayudará a navegar con éxito por las etapas del amor y los hará durar toda una vida.

PARA REFLEXIONAR

1. ¿Cuándo fue la primera vez que usted le dijo a su compañero/a «Te amo»? Narre la experiencia. ¿Cuáles eran sus pensamientos y sentimientos?

2. En su actual vida de amor, ¿cuál es el componente de amor que parece más poderoso: la pasión, la intimidad o el compromiso? ¿Por qué?

3. ¿Por qué es importante saber que el amor toma formas diferentes durante las vueltas de la vida?

4. La pasión es típicamente el primer componente de amor que se desvanece en el matrimonio. ¿Qué puede usted hacer para prepararse para el inevitable desvanecimiento de la pasión sin dejarla morir por completo?

5. ¿Qué hace usted en su relación para cultivar la intimidad? ¿Qué más puede hacer para cultivar la intimidad, especialmente cuando está ocupado?

6. El compromiso es fundamental para el amor perdurable, dándole seguridad y permitiéndonos descansar. ¿Cree usted que hay momentos en el matrimonio en que el compromiso no es tan sólido? Si fuera así, cuándo y qué se puede hacer para prevenirlo?

7. ¿Cómo cambió su concepto del amor luego de leer este capítulo?

8. Después de leer este capítulo, ¿podría enumerar algunas cosas específicas que usted puede hacer para que el amor perdure?

Pregunta 3:

¿HA DESARROLLADO EL HÁBITO DE LA FELICIDAD?

La felicidad es un hábito, cultívelo.
ELBERT HUBBARD

Acabamos de hablar en un retiro en las Islas San Juan cuando un avión que nos iba a llevar a otro compromiso nos pasó por encima y aterrizó en una pista cercana. Cinco minutos más tarde abordamos un Cessna de tres personas y con una apariencia enclenque.

El piloto nos saludó. «Allá arriba van a notar un poco de ruido», dijo él, «pero será un tramo corto hasta Seattle y a esta hora de la tarde verán un bello panorama».

Nos miramos el uno al otro, comunicándonos en silencio nuestro mutuo temor acerca del viaje en una avioneta tan pequeña. «¡Magnífico!», se las arregló Leslie para responder.

Nos aseguramos el cinturón y los audífonos mientras el piloto comenzó a arrancar los motores. Al momento estábamos corriendo por la yerba de la pista y vimos a tres venados huyendo por el bosque ante nosotros. Nos olvidamos de nuestros temores y nos viramos hacia las ventanillas, mirando un hilo de luz que brillaba sobre las cimas nevadas de las Montañas Cascada. Era realmente glorioso.

Pasamos por encima de las islas de Puget Sound y nos acercamos a las luces de un aeropuerto local.

—Lo más importante en un aterrizaje es la actitud del avión —dijo el piloto.

—¿Quieres decir la altitud, verdad? —pregunté yo.

—No —explicó el piloto—. La altitud tiene que ver con la nariz del avión. Si la actitud es demasiado alta, el avión bajará con un severo rebote. Y si la actitud es demasiada baja, el avión puede perder el control debido al exceso de velocidad al aterrizar.

Después el piloto dijo algo que nos llamó la atención: «*El truco consiste en alcanzar la actitud correcta a pesar de las condiciones atmosféricas*».

Sin saberlo, nuestro piloto nos estaba dando una analogía perfecta para crear un matrimonio feliz, el truco es desarrollar la actitud correcta a pesar de las circunstancias en que nos encontremos.

No es algo accidental que algunas parejas que encuentran turbulencias en el matrimonio naveguen con éxito por medio de estas, mientras que otras en circunstancias similares están abofeteadas por la frustración, desilusión y el desespero eventual. Tampoco es un accidente que algunas parejas estén radiantes, positivas y felices mientras que otras están abatidas, derrotadas y con ansiedades. Los investigadores que han buscado la diferencia entre los dos grupos terminaron con todo tipo de explicaciones para el éxito de un matrimonio (noviazgos largos, orígenes similares, familias que los apoyan, buena comunicación, buena educación y así sucesivamente). Pero lo principal es que las parejas felices *deciden* ser felices. A pesar de los problemas con los que se lidian en la vida, ellos hacen que la felicidad sea un hábito.

> Parece que la felicidad se hizo para compartirse.
>
> **Corneille**

Como pareja, hemos enseñado clases y seminarios en cuanto al matrimonio durante varios años, y en nuestra biblioteca privada tenemos por lo menos dos docenas de los últimos libros de textos sobre el matrimonio y la familia. Uno de los libros de texto favoritos, que muchos consideran un clásico, tiene una oración en cursiva que merece repetirse: «*La característica más importante de una persona que va a casarse es el hábito de la felicidad*».[1]

En este capítulo nos concentraremos en usted más que en el matrimonio. Porque es *su* actitud la que determinará si usted y su cónyuge «vivirán felices para siempre». Comenzaremos por explorar cómo literalmente programar su mente para la felicidad marital. Próximamente, destacaremos dos actitudes básicas que pueden hacer o destruir su matrimonio. Luego descubriremos algunos de los saboteadores más comunes de un matrimonio feliz y revelaremos los secretos sorprendentes de las parejas felices. Por último, consideraremos si dos personas realmente pueden «vivir felices para siempre».

PROGRAMAR SU MENTE PARA UN MATRIMONIO FELIZ

La felicidad en el matrimonio no tiene nada que ver con la suerte y tiene mucho que ver con la voluntad. Yo aprendí eso a base de errores.

Durante nuestro primer año de matrimonio, Leslie y yo asistíamos a una universidad para obtener el doctorado y vivíamos en un complejo de pequeños apartamentos donde también vivían otras parejas de estudiantes. Cerca de nosotros vivían Bob y Jessica, que también se habían casado recientemente y se mudaron a Los Ángeles. Teníamos mucho en común, excepto una cosa, ellos parecían obtener todas las ventajas disponibles.

Su apartamento pertenecía a una unidad que hacía esquina y estaba agradablemente amueblado. Nosotros, por otra parte, vivíamos con muebles de segunda mano que incluían una silla forrada de amarillo brillante con los brazos muy usados y un sofá forrado de pana desteñida color ladrillo. Jessica trabajaba en una lujosa tienda por departamentos y recibía buenos descuentos que le permitían estar a la última moda. Nosotros seguíamos usando la misma ropa que teníamos en la universidad. Yo quería un puesto de enseñanza o de ayudante de investigación en la escuela, mientras que las oportunidades especiales como estas parecían caer en las manos de Bob sin tan siquiera buscarlas. Para colmos, Bob y Jessica conducían un auto deportivo rojo brillante completamente nuevo que les regalaron sus padres ricos. En el garaje del apartamento ese auto estaba parqueado al lado de nuestra vieja camioneta Ford de color gris. Como dije, ellos parecían tener todas las ventajas posibles.

Cada vez que veía su nuevo auto, me sentía muy infeliz. Yo iba sudando en nuestra vieja camioneta gris sin aire acondicionado, mientras que ellos disfrutaban el vehículo con control del clima y sus suaves asientos de piel. Esto realmente me empezó a deprimir. Recuerdo decirme: *¿Por qué algunas personas tienen todas las ventajas? ¿Por qué todo se les hace tan fácil?* Para agregar más a la herida, descubrí que yo estaba siendo más negativo en cuanto a Leslie. Las cosas pequeñas que ella hacía comenzaron a molestarme, o para ser más preciso, yo comencé a *permitir* que las cosas pequeñas que ella hacía me molestaran. Mi autocompasión estaba creando una mentalidad negativa que comenzó a colorear hasta mi matrimonio.

Después de amargarme durante meses por causa de nuestro miserable sueldo y estilo de vida frugal, y viendo cómo a los demás las cosas se les facilitaban más que a nosotros, una verdad me golpeó en el lugar que menos yo creería: un curso de estadística. En medio del aprendizaje acerca de la cibernética y las regresiones múltiples, me senté en la consola de una computadora y comencé a entrar la información. Después de cuarenta y cinco minutos por fin logré tener todas las líneas y columnas en su lugar apropiado. Le di al panel con la palma de mi mano y me recosté en mi silla para ver el proceso de la computadora. Pero nada sucedió. Había un silencio completo y absoluto. Yo estaba casi listo para patear la máquina cuando miré hacia arriba más allá del nivel normal de la vista a un panel blanco que ahora se había iluminado. Y allí con números simples y en buen inglés estaba la respuesta a mi problema estadístico.

No podía creerlo. Creía que la máquina reciclaría y volvería a reciclar y encendería luces multicolores mientras analizaba las variables que yo tenía que entrar. Pero para darme los resultados, la computadora solo empleó setecientas milésimas de un segundo.

Me desplomé en mi silla, sintiéndome inadecuado, pero en eso mi profesor, doctor Wallis, se me acercó. «¿Cuál es tu problema, Les?», me preguntó.

> Pensar que uno es feliz, es suficiente para ser feliz.
>
> **Mme. de La Fayette**

Le dije todo el tiempo que me había llevado poner mi problema en la computadora y cómo a la computadora solo le llevó una milésima de segundo para darme la respuesta. «¿Cómo era eso posible?», pregunté.

El doctor Wallis tomó mi pregunta en serio y me dijo cómo una computadora toma una pizca de información y la entrega a un impulso eléctrico positivo y la guarda, o se la da a un impulso eléctrico negativo y la guarda. Después de eso, la computadora simplemente recoge la información de su memoria y la combina de nuevas maneras. Entonces dijo: «básicamente funciona como un cerebro humano».

«¿Qué quiere decir?», le pregunté.

«Nuestros cerebros están programados de una manera muy parecida a una computadora. Exactamente antes de poner cualquier sonido, vista, olor, gusto, toque o intuición en nuestra computadora mental, nosotros la sellamos como "positiva" o "negativa". Luego almacenamos la sensación en nuestro cerebro, y allí se queda permanentemente. Es por eso que no siempre usted puede recordar el nombre de una persona, pero siempre recuerda cómo se sentía en cuanto a esa persona».

Como el doctor Wallis sabía que a mí me interesaba más la psicología que la cibernética, agregó: «Sin embargo, a diferencia de las computadoras, los humanos desarrollamos un hábito que programa las mentes para que estas sean más negativas o más positivas».

Fue entonces que me di cuenta: Yo mismo me hacía sentir miserable y hacía que nuestro matrimonio también se sintiera miserable, sentándome, esperando que la oportunidad tocara a mi puerta y quejándome porque no sucedía. Sin siquiera saberlo, había desarrollado un mal hábito de sellar mis circunstancias como «negativas». En lugar de sacar lo mejor de nuestras condiciones, me estaba revolcando en la lástima y dejando que estas sacaran lo mejor de mí.

Esa tarde, el tiempo que pasé en el laboratorio de computadoras se convirtió en un tiempo decisivo para mí. Desde entonces, determiné que sería feliz sin que lo demás me importara. No quiere decir que siempre sea optimista y me sienta en la cumbre del mundo, sino que me niego a permitir que las circunstancias determinen mi ánimo o mi matrimonio. Todo comenzó al reconocer lo destructivo que para una persona o para un matrimonio es una actitud negativa.

Ejercicio 10:
Escuche cómo usted habla consigo mismo

No es fácil aprender a escoger su actitud, pero una vez que domine esto, una actitud positiva pavimentará el camino para alcanzar la plenitud en el matrimonio. En el cuaderno*, el ejercicio *Escuche cómo usted habla consigo mismo* lo ayudará a usted y a su cónyuge a cultivar el hábito de la felicidad.

EL PODER DEL PENSAMIENTO NEGATIVO

La mayoría de las personas negativas creen que podrían ser positivas si tuvieran un trabajo diferente, vivieran en un lugar mejor, o si se hubieran casado con una persona diferente. Pero la felicidad no depende de tener circunstancias mejores. Una persona con malas actitudes seguirá siendo una persona con malas actitudes, no importa dónde o con quién él o ella viva.

¿Ha desarrollado el hábito de la felicidad?

Por la fuerza del hábito cada uno de nosotros es básicamente positivo o básicamente negativo. Nuestras circunstancias cambian con el clima, pero nuestra actitud sigue siendo la misma. La persona negativa defiende su actitud con el razonamiento de ser realista, mientras que la persona positiva mira más allá de cómo están las cosas en el momento y ve a las personas y situaciones en términos de posibilidades.

Por ejemplo, Ron y Scott, ambos han estado casados durante tres años. Tienen buenos trabajos, viven en buenos lugares y asisten a la misma iglesia. Ron es básicamente una persona positiva. Ve las cosas desde su mejor perspectiva, permite que su esposa sea humana y no juzga a los demás desde sus normas perfeccionistas. Su vida no deja de tener desencantos y problemas, pero sus problemas no le impiden estar felizmente casado.

Scott, por otra parte, es básicamente negativo. Se convierte en juez y jurado para condenar cada fallo de su matrimonio. Su conversación es un comentario negativo de la vida, y tanto él como su esposa están listos para terminar con el matrimonio. Desde luego, Scott no comenzó de esa manera. Al principio tenía lo que llamamos una «predisposición positiva». En la etapa de la luna de miel todo lo que su esposa decía o hacía se interpretaba en una forma positiva, y ella no cometía equivocaciones. Pero al llegar las dificultades al matrimonio, como sucede en todos los matrimonios, su desencanto y frustración causó que Scott cambiara a la predisposición negativa, y esto dio por resultado que ahora él viera de manera negativa todo lo que su esposa hacía. ¡Ahora no hacía nada bien!

La vida era básicamente igual tanto para Ron como para Scott, entonces, ¿por qué una diferencia tan drástica en la actitud? El problema con Scott no surgió debido a las circunstancias, sino cómo él las interpretó, hasta las situaciones más triviales a menudo se veían de la peor manera posible. Por ejemplo, si Ron le concedía a su esposa el beneficio de la duda en caso de que ella no lo saludara cariñosamente, Scott saltaría a unas conclusiones negativas: *Ella se preocupa muy poco por mí.* Las realidades de Ron y Scott no eran tan diferentes, pero su modo de verlas sí lo eran.

Las interpretaciones negativas tienen la garantía de debilitar la felicidad del matrimonio. Pero, ¿cómo cultivamos las actitudes positivas cuando nuestros cónyuges hacen algo que no nos agrada? La respuesta consiste *en tomar la responsabilidad de nuestros sentimientos*.

Recuerdo un día en que venía para la casa lleno de entusiasmo y ansioso por contarle a Les algunas buenas ideas. Ahora no recuerdo cuáles eran las buenas noticias, pero recuerdo su reacción: muy poco entusiasmo. Yo quería que él sintiera mi mismo entusiasmo, pero cualquiera que fuera la razón, él no lo sintió. «Tú me hiciste sentir mal», le dije más tarde. Pero la verdad es que él no me hizo sentir mal. Yo sola me puse así. Eso parece un poco extraño, pero es la verdad. Antes de explorar por qué Les no se unió a mi celebración, llegué a una conclusión negativa: *A él ni siquiera le importó que a mí me sucediera algo bueno. Solo está interesado en él mismo.* Por otra parte, ese día Les se sentía un poco desanimado por causa de un retraso en el trabajo, y estaba pensando: *Realmente ella no se preocupa por mí. Solo está interesada en ella misma.*

Desde ese momento los dos hemos tratado de adoptar una actitud de «no hay culpa, no hay culpable». La idea es suspender nuestras evaluaciones negativas acerca de cada uno y recordar que nadie puede *hacer* infeliz a otra persona. Cada uno es responsable de su propia actitud.

Victor Frankl, más que ningún otro, ejemplificó la habilidad humana de superar las circunstancias y mantener una actitud positiva. Él era un judío de veinte y seis años de edad, psiquiatra en Viena, Austria, cuando la Gestapo de Hitler lo arrestó y se lo llevó a un campo de concentración. Mes tras mes trabajaba bajo las grandes chimeneas que expulsaban un monóxido de carbono negro de los incineradores donde cremaron a su padre, madre, hermana y esposa. Todos los días él esperaba unas pocas lascas de zanahoria o granos en la vasija de la sopa. Durante el invierno se levantaba una hora más temprano que lo normal para envolver sus piernas y pies en un pedazo de yute y alambre para protegerlos del frío arrasador del invierno en la Europa oriental.

¿Ha desarrollado el hábito de la felicidad?

Cuando por fin llamaron a Victor Frankl para la inquisición, él se paró desnudo en el centro de una poderosa luz blanca, mientras que los hombres con botas brillantes paseaban de aquí para allá en las oscuras sombras más allá de la luz. Durante horas lo asaltaron con preguntas y acusaciones, procurando quebrarlo con cada mentira acusatoria en la cual pudieran pensar. Ya le habían llevado a su esposa, a su familia, sus escritos, su ropa, su anillo de compromiso y todos lo demás que tuviera valor material. Pero en medio de este aluvión de preguntas, una idea le pasó por la mente: *Ellos me han llevado todo lo que tengo, excepto el poder de escoger mi propia actitud.*

Gracias a Dios, la mayoría de la gente no tiene que lidiar con circunstancias tan devastadoras como los judíos encararon en la Alemania nazi. Pero el mismo principio que ayudó a Victor Frankl a sobrevivir los campamentos de muerte, escogiendo su propia actitud, aplica a todas las circunstancias difíciles en donde quiera y cualesquiera que estas sean.

Millones de parejas carecen de la felicidad porque uno de los cónyuges ha desarrollado una mente negativa y considera que su infelicidad se debe a las cosas que hace o no hace su pareja. Este es uno de los peores errores que una persona puede cometer en su matrimonio. Con frecuencia escuchamos declaraciones en consejería como estas: «Sus comentarios me hieren». o «Él me enojó tanto». En realidad, las observaciones y comentarios no hieren ni hacen ponerse bravo a nadie, la misma persona es quien se pone brava. Desde luego, estar bravo es una reacción natural a algo que nos disgusta, pero esa reacción puede servir como un gatillo para una reacción más constructiva y positiva.

Cuando reconocemos dónde reside el control, en nosotros mismos y no en los hechos externos, somos capaces de reinterpretar los hechos que nos molestan y desarrollamos una actitud positiva.

> ### Ejercicio 11:
> ### Evitar el juego de culpar
>
> Tomar responsabilidades, no culpar a otros, es crítico para resolver escenarios desagradables en el matrimonio. En el cuaderno*, el ejercicio *Evitar el juego de culpar* lo ayudará a usted y a su cónyuge a tomar la responsabilidad de su actitud y soportar los tiempos.

EL SECRETO DE LAS PAREJAS FELICES

¿Qué hace feliz a una pareja feliz? El doctor Allen Parducci, un prominente investigador de la Universidad de California en Los Ángeles (UCLA) hizo esta pregunta y descubrió que el dinero,[2] el éxito, la salud, la belleza, la inteligencia o el poder tienen poco que ver con el «bienestar subjetivo» de una pareja (vocabulario de laboratorio para felicidad). Por el contrario, las investigaciones revelan que lo que determina el nivel del gozo de una pareja es la habilidad para *adaptarse a las cosas que están más allá del control de cada cónyuge.*[3] Todas las parejas felices han aprendido a encontrar la actitud correcta a pesar de las condiciones en las que se encuentren.

¿Se puede imaginar por un momento cómo se habrían escrito las historias cristianas si María y José no hubieran tenido la capacidad de adaptarse a las cosas que estaban fuera de su control? Para empezar, José se tuvo que adaptar al hecho de que María, su novia, estaba embarazada. De acuerdo a la ley del Antiguo Testamento, él podía hacer que la apedrearan o que la mandaran a una ciudad grande y distante como Roma, Cartagena o Éfeso. Sin embargo, antes de que él terminara las relaciones con ella, Dios envió a un ángel para decirle a José que María estaba embarazada del Espíritu Santo y daría a luz un Hijo que se llamaría Jesús. Así que en lugar de mandar lejos a María, José se casó con ella.[4]

Aunque el primer año de matrimonio siempre es difícil, María y José encararon una serie de desafíos únicos. Nueve meses en estado requieren una adaptación enorme de la pareja, aunque lleven mucho tiempo de casados, y esto no era un embarazo común. Además de lidiar con las implicaciones del nacimiento inminente, María y José estaban procurando establecer su hogar, desempeñar un negocio y aprender cómo vivir uno con el otro siete días a la semana. Por si fuera poco, se vieron forzados a cerrar su negocio y viajar a Belén como el primer paso de un plan romano para aumentar los impuestos. ¡Justo lo que les hacía falta!

Una mañana muy temprano, María y José dejaron atrás su casita de la luna de miel y salieron por la puerta de Nazaret camino a Belén. Ella iba montada en un burrito. (No era un viaje fácil. Algunas mujeres ni siquiera pueden viajar en un Buick mientras están a la espera del nacimiento de un hijo, mucho menos en un burro). José tenía las riendas alrededor de su brazo y ancladas con seguridad en su gran puño para prevenir que el burrito tirara a María, que ya tenía más de ocho meses de embarazo. Por la noche no paraban en una casa de huéspedes ni en un motel como haría la gente de hoy. Paraban a la orilla del camino, cocinaban con arreglos improvisados, dormían en la tierra dura, y resolvían esta situación difícil de la mejor manera que les era posible.

Por último, cuando llegaron a la vista de la ciudad de Belén, María se detuvo. Ya ella no podía dar ni un paso más. Me la imagino mirando a su esposo y diciéndole algo así: «Pepe, ya no puedo dar ni un paso más. Aquí me voy a sentar, debajo de estos árboles de olivo, y quiero que vayas a la ciudad de Belén y reserves una habitación en el Hilton de Belén. Me gustaría una que dé al frente, si es posible, para poder ver a la gente yendo y viniendo, y pediré servicio a la habitación y esperaré hasta que llegue el bebé».

> La buena noticia es que… las malas noticias se pueden convertir en buenas noticias… ¡cuando usted cambia su actitud!
>
> **Robert H. Schuller**

María estaba muy lejos de su hogar, agotada, cansada, emocional-mente gastada y al final de sus fuerzas. Aún más, ella debe haberse preguntado qué se haría si los dolores de parto comenzaran y José no estaba cerca. Después de todo, ya casi estaba en la fecha de dar a luz. El nivel de su ansiedad debe haberle subido mientras esperaba, observaba y con ansiedad miraba el camino esperando ver la figura familiar de José. Las multitudes moviéndose por el camino no le prestaron atención alguna.

Al fin regresó José, pero no lo acompañaba su característica sonrisa, traía los hombros caídos. Ella escuchó mientras él le contó su historia: «María, fui al hotel, pero no hay habitaciones. Está lleno con la gente de la convención. De hecho, subí y bajé por la calle prin-cipal para ir a todos los hoteles y moteles, pero no hay habitaciones libres. Al fin pude convencer a un viejo para que nos deje quedar en un establo con sus animales. María, él está cobrando una cantidad exorbitante, pero me prometió que limpiará el estiércol y cubrirá el piso con paja fresca. Pero mejor que nada, María, dijo que estaremos a solas, y no nos hará dividir la casilla del establo con ninguna otra pareja».

María y José, sintiendo pesar en el corazón, fueron hasta el esta-blo, agradecidos por lo menos de tener una protección del viento frío.

Esa noche nació el Hijo de Dios.

¿Se puede imaginar cómo se hubiera escrito la historia de la Navidad si María y José no hubieran tenido la capacidad de ajustarse a las cosas que estaban fuera de su control?

Todas las parejas en la tierra deben aprender a desarrollar su capacidad si quieren disfrutar de un matrimonio feliz. La vida está llena de muchas vueltas inesperadas y problemas que no se han vis-lumbrado. Tal vez usted no experimente los desafíos que enfrentaron María y José, pero encontrará su propio grupo de dificultades. Sin la capacidad para superar las circunstancias, nunca cultivará la feli-cidad. Tal vez tenga más éxito, belleza, inteligencia, salud y riqueza que nadie más, pero si no cultiva el contentamiento en cada circuns-tancia, la infelicidad es segura.

Ejercicio 12:
Adaptarse a las cosas que están fuera de su control

Aprender a superar las circunstancias difíciles tal vez sea el regalo más grande que le pueda dar a su cónyuge. En el cuaderno*, el ejercicio *Adaptarse a las cosas que están fuera de su control* lo ayudará a usted y a su cónyuge, a mantener una visión positiva cuando las cosas parecen sombrías.

SABOTEADORES DE UN MATRIMONIO FELIZ

En la sección previa le mostramos lo que las parejas felices hacen bien. Seríamos negligentes si además no le mostráramos el otro lado del matrimonio, las equivocaciones de las parejas infelices. Si quiere cultivar el hábito de la felicidad con su cónyuge, necesitará evitar los venenos de la autocompasión, la culpa y el resentimiento.

AUTOCOMPASIÓN

Son muchos los matrimonios que sin saberlo han perdido disfrutar de la felicidad por causa de la autocompasión. Ya sea que lo experimente uno de los dos, o los dos, la autocompasión puede diezmar el gozo de una relación. Incluso los matrimonios que comienzan fuertes llegan a incapacitarse y a quedar permanentemente dañados si permiten que la autocompasión se desarrolle y se adueñe de ellos.

Una tarde llegamos a la entrada de la casa de unos amigos que nos vinieron a saludar antes de que saliéramos del auto. Con rapidez ellos saltaron de unos saludos mínimos para comenzar una explosión de historias autocompasivas en cuanto a su nuevo pastorado. «Nuestra iglesia es horrible», se quejó Rick. «Nos engañaron, creíamos que la congregación era bien educada, como nosotros, pero no es así, son obreros. El pastor anterior no hizo nada para ayudar a la iglesia en la transición, y la gente no nos aprecia para nada».

«Y ustedes debieran ver la casa pastoral», dijo Jan, haciendo gestos para señalar la casa detrás de ellos, una casita blanca muy acogedora de dos pisos. «Es tan pequeña que no sabemos dónde poner la mitad de nuestras cosas».

> El gozo es el negocio serio de los cielos.
>
> **C. S. Lewis**

El resto de la tarde no fue mejor. Rick y Jan dispararon una historia tras otra para dejarnos saber lo terrible que eran sus nuevas circunstancias. Y cuando uno de los dos salió de la habitación, el otro nos decía lo preocupado que estaba acerca de ella, acerca de cómo él deseaba que oráramos por el matrimonio de ellos. La autocompasión había envenenado por completo sus vidas.

Esa tarde, a medida que nos alejábamos de su casa, nos preguntamos qué sucedería a una pareja tan consumida por la autocompasión.

No tuvimos que esperar mucho para ver los resultados. En menos de un año Rick renunció a la iglesia y su matrimonio llegó al límite. Él y Jan se mudaron a otra ciudad para comenzar de nuevo y tratar de recuperarse, pero Rick no fue muy lejos como predicador por cuenta propia. El matrimonio sucumbió.

El dolor de la autocompasión que nos infligimos en nosotros mismos a menudo hiere a los amigos y también a la familia. Entonces, ¿por qué continuamos castigándonos a nosotros y a los demás cuando el dolor no es necesario? Los tiempos difíciles y las amarguras de las experiencias personales son una parte de la vida de todas las parejas, y la autocompasión por estas dificultades no ayuda a nadie. De hecho, nadie puede tener un cónyuge eficiente si además tiene que lidiar con la carga de la autocompasión. Ningún matrimonio puede darse el lujo de sentir autocompasión.

LA CULPA

Desde que Adán culpó a Eva, y Eva culpó a la serpiente, las parejas han empleado el truco de buscar excusas y cambiar la responsabilidad. Una gran parte de la infelicidad en el matrimonio se debe a la tendencia habitual del compañero/a de culpar a su cónyuge.

Por ejemplo, Stewart estaba en medio de un arreglo de la luz piloto del horno que no funcionaba bien y no podía encontrar su destornillador. Él confrontó a Christy, acusándola de no colocarlo en su lugar. «Tú nunca devuelves mis herramientas a su lugar», gritó él. «Me hace sentir muy molesto».

«¡Yo no he usado tu estúpido destornillador!», replicó Christy. «¿Por qué me culpas siempre de todas *tus* equivocaciones?».

Aquí está, ya comenzó otra pelea. Con frecuencia Stewart culpaba a Christy porque ella era un blanco fácil. Y evitando la responsabilidad, Stewart se limpiaba el polvo de la infelicidad en su hogar. Había que culpar a Christy, *ella* era el problema. Christy, por su parte, alimentaba el fuego ofendiéndose por causa de sus falsas acusaciones. En lugar de controlar su propia actitud, permitía que su esposo controlara sus reacciones.

En muchas relaciones infelices, una de las partes es un chivo expiatorio, el que tiene la responsabilidad de la infelicidad *de la pareja*. La otra persona ve a su compañero/a como la fuente de sus dificultades. En realidad, el cónyuge que culpa está diciendo: «*Tú eres mi problema*». Pero sería difícil para él o ella encontrar un consejero matrimonial que estuviera de acuerdo. Los profesionales conocen bien estas situaciones. Saben que la infelicidad en el matrimonio nunca la causa una sola persona. Es por eso que los terapeutas no solo se concentran en *quién* está equivocado, sino en *qué* está equivocado.

Culpar a otro casi siempre da por resultado una explosión en el matrimonio, como sucedió en el caso de Stewart y Christy. Pero mediante la consejería, Stewart aprendió a reconocer sus emociones y frenar el culpar a otro. Y cuando no lo hacía, Christy aprendió a evitar las represalias esforzándose para resolver el problema en lugar de tener una confrontación.

Vamos a representar nuevamente la situación para examinar cómo Christy podría cambiar su reacción a la acusación de Stewart:

Stewart: ¿Qué pasó con mi destornillador? Tú siempre lo usas y no lo devuelves a su lugar.

Christy: (Él me volvió a acusar. Tengo deseos de decirle: «No sé qué pasó con tu estúpido destornillador», pero entonces comenzaremos una pelea que nos dejará sintiéndonos mal. Será mejor si simplemente me enfoco en el problema). Espera un momento, ¿cuándo lo usaste por última vez?

Stewart: (Se distrae de su ira y piensa en una respuesta). No lo he usado desde la semana pasada.

Christy: ¿No hiciste anoche un trabajo en la casa?

Stewart: Ah, espera un momento, creo que lo usé anoche.

Christy: ¿En dónde lo usaste?

Stewart: No sé… en el sótano.

Christy: ¿Por qué no lo buscas allí?

Como sucedió, Stewart encontró el destornillador en el sótano, donde lo usó la noche antes. Al cambiar las preguntas en lugar de contraatacar, Christy tuvo la oportunidad de evitar una discusión potencial y encontrar la solución al problema.

La culpa se puede vencer, pero si permiten que persista, si la pareja tiene por costumbre jugar el juego de culpar, el cociente de su felicidad se merma inevitablemente. Todos los problemas sintomáticos en el matrimonio (apatía, irritación, aburrimiento, ira, depresión, etc.) se originan por no tomar la responsabilidad personal. Si usted está enojada, no es la culpa de su esposo sino su propia decisión. Si está deprimido, no es porque su esposa lo esté

> Ellos pueden porque creen que pueden.
>
> **Virgilio**

abandonando, sino porque usted escogió estar deprimido. El hábito de culpar a su cónyuge es completamente contrario al principio de tomar la responsabilidad de su propia actitud.

RESENTIMIENTO

Nadie está exento de que lo traten injustamente. Todos podemos justificar la ira que sentimos acerca de cómo una situación o alguien (incluyendo a nuestro cónyuge) injustamente complica nuestra existencia.

Pero cuando guardamos nuestro desencanto, dolor e ira, solo estamos agravando nuestros problemas, y es entonces que el resentimiento hace su obra mortífera.

El resentimiento es como un cáncer para las relaciones, al principio es pequeño e imperceptible, pero con el tiempo se desarrolla y esparce su veneno por toda la relación. Cuando usted se queda rumiando una injusticia que le han hecho, dándole vueltas en su mente una y otra vez, estará provocando una corriente de emociones negativas que alimenta aún más la herida. Luego viene una sucesión de incidentes que confirman y lo convencen de que el objeto de su resentimiento es la fuente de toda su infelicidad. Tal vez haya períodos de remisión cuando su mente está ocupada con otros desafíos, pero más tarde o más temprano usted vuelve a darle vueltas al asunto y el cáncer del resentimiento se riega como el fuego.

El resentimiento, aunque sea con alguien que no es su cónyuge, es siempre un detrimento para el matrimonio.[5] Hemos trabajado con muchas parejas en las que uno de los dos alberga resentimientos en contra de sus padres, a veces hasta durante años después de la persona muerta.

Janice, de treinta y un años y divorciada una vez, vino a nuestra oficina buscando consejería. Apenas nos estábamos presentando

> Que Dios ayude al hombre que no se case hasta encontrar una mujer perfecta, y que Dios lo ayude todavía más si la encuentra.
>
> **Benjamin Tillett**

cuando abruptamente ella sacó a relucir algunas de las palabras más mordaces que hayamos oído desde hace mucho tiempo. «¡Mi padre es el mayor de los hipócritas!», exclamó ella. «No hay duda alguna, le da más dinero a la iglesia que a ningún otro, pero eso es solo porque *tiene* más dinero que nadie. En la casa, sin embargo, era un gran imbécil con mi mamá y conmigo».

Janice siguió culpando a su padre por cada una de las malas experiencias que ella había tenido, incluyendo su tormentoso matrimonio de tres años que terminó en divorcio. El resentimiento que tenía contra su padre contribuyó al rompimiento del matrimonio, pero en lugar de ver su resentimiento como el problema, todavía seguía enfocando la culpa en su padre. Aunque el padre la mantenía, a ella y a su hijita, y además le pagaba la universidad para que la terminara, ella lo acusaba del enredo en que estaba.

Durante las semanas siguientes trabajamos con Janice. Llegó el momento en que yo (Leslie) dijo: «Janice, me parece que es más fácil culpar a tu padre y mantener vivos tus resentimientos que perdonarlo, entonces la consecuencia de tus acciones se cambiarían de él a ti, y eso asusta».

Con el tiempo, Janice hizo un esfuerzo honesto para perdonar a su padre, ofreció una oración de perdón y tomó la responsabilidad de sus propias acciones. Se volvió a casar, y aunque no hubo un cambio milagroso ni instantáneo, nunca más volvió a culpar a su padre por causa de sus problemas.

> Si usted espera perfección de la gente toda su vida será una serie de desengaños, gruñidos y quejas.
>
> **Bruce Barton**

Un matrimonio feliz no puede sobrevivir al cáncer del resentimiento. Como la autocompasión y la culpa, esta se come el espíritu humano y mata la capacidad del gozo. Pero si estas toxinas se quitan, no hay razón alguna para que una pareja no pueda vivir feliz por siempre, o ¿pueden?

¿REALMENTE LAS PAREJAS VIVEN PARA SIEMPRE FELICES?

Todas las parejas que están por casarse, lo admitan o no, albergan sueños de una unión «perfecta» para el resto de sus vidas. Muchos recién casados nos han dicho lo «dichosos» que se sintieron el día de sus bodas por haber conocido a alguien que los comprendió, que tuviera sus mismos gustos y que fuera tan compatibles con ellos.

Sin embargo, no importa lo ideal que les pareciera, en algún momento todos los esposos y esposas reconocieron que no tenían a la pareja perfecta. Se dieron cuenta de que no siempre estaban de acuerdo, que no pensaban, sentían y actuaban exactamente de la misma manera, que unir sus dos personalidades, preferencias y orígenes es mucho más difícil de lo que esperaban. Sus ilusiones se desvanecieron y renunciaron a la esperanza de vivir felices para siempre.

Pero hay una alternativa.

Los matrimonios no pueden ser siempre perfectos porque las personas no somos perfectas. Ya que son humanos, cada novia y novio tiene faltas al igual que virtudes. A veces estamos deprimidos, majaderos, egoístas o irrazonables. Somos una mezcla de géneros, sentimientos altruistas, combinados con propósitos egoístas, vanidades nimias y ambiciones. Unimos el amor y el valor con egoísmos y temores. El matrimonio es una mezcla de oro y estaño. Si esperamos más que esto, estamos destinados a sufrir la desilusión.

Así que, ¿cómo puede una pareja vivir feliz para siempre? No lo logrará si depende de lo externo. Muchas parejas ven el matrimonio como sacarse la lotería: Se pusieron de suerte, y ahora tendrán experiencias interesantes y emocionantes. Ahora los amarán y apoyarán. Ahora alcanzarán la plenitud. Pero el matrimonio no es como ganarse la lotería, por lo menos no como nosotros *creemos* que debe ser la lotería. Un dinero que cae inesperadamente de seguro lo puede hacer feliz. Pero solo durante un breve tiempo. Los investigadores han descubierto que un hecho fortuito (ponerse «dichoso») que ocurre sin que usted aporte algo no da por resultado una felicidad de largo término. Necesita el sentido de dominio, control, la sensación de que sucedió algo bueno porque usted lo *causó*.[6]

Vivir feliz para siempre solo funciona cuando usted lo *hace* funcionar. Cuando usted toma los materiales crudos del matrimonio, lo bueno y lo malo que ustedes han traído juntos como personas, para diseñar, crear y edificar una unión perdurable, el resultado es un sentido perdurable y significativo de genuina plenitud. Si, por otra parte, usted está contando con la magia del matrimonio para hacerse feliz, la relación lo dejará aplastado, solitario, sintiéndose como un fracasado y resignado a su falta de esperanza.

El hábito de la felicidad es un trabajo interior. Si usted encuentra la actitud correcta a pesar de las condiciones atmosféricas, si programa su mente con impulsos positivos, y si usted se ajusta a las cosas que están más allá de su control, descubrirá que vivir feliz para siempre no necesita ser un mito.

PARA REFLEXIONAR

1. Durante los años recientes, más y más personas han llegado a ver la felicidad como el mayor propósito del matrimonio. ¿Qué opina usted?

2. Parte de sus votos dicen algo así: «para amar y cuidar a su cónyuge en salud y enfermedad». ¿Cómo una persona puede cultivar el hábito de la felicidad, aunque las cosas no marchen bien?

3. ¿Puede recordar algunos ejemplos de su propia vida donde usted superó las circunstancias difíciles y *decidió* ser feliz? ¿Qué le impide a veces hacer esto?

4. En todas las encuestas los investigadores han encontrado que las personas que califican sus matrimonios como «muy felices» también califican la vida como un todo «muy feliz». En su opinión, ¿qué dice esto acerca de cultivar el hábito de la felicidad?

5. Aunque la cultura en la que nacimos y el origen de nuestra familia tiene una influencia importante en nuestras actitudes, cada uno de nosotros, al final, es el responsable de cómo decidimos lidiar con la vida. En una escala del uno al diez, ¿qué tan de acuerdo está usted con esa declaración?

Pregunta 4:

¿PUEDE DECIR LO QUE PRETENDE DECIR Y ENTENDER LO QUE ESCUCHA?

Es terrible hablar bien y estar equivocado.
SÓFOCLES

—Bueno, ¿qué te parece?

Leslie estaba de pie en el medio de nuestro pequeño apartamento dando vueltas alrededor para mostrar su nuevo vestido. Hacía menos de una semana que estábamos casados.

—Está bien —contesté—. ¿Estás lista para salir? Me estoy muriendo de hambre.

—Bien, me estoy muriendo de hambre. ¿Eso es todo lo que puedes decir?

Leslie no tenía que hacer esta retórica pregunta, yo la podía leer en toda su cara.

—¿Pasa algo? —pregunté (mi sentido agudo de diagnóstico estaba floreciendo).

—No.

—Bueno, entonces vámonos.

—Espérate. Me voy a cambiar —dijo Leslie.

—¿Por qué? ¡Te ves muy bien!

Cinco minutos después yo escuchaba los sollozos que provenían del dormitorio. *Qué extraño*, pensé. Caminé hasta la puerta y la abrí, la luz estaba apagada. Leslie estaba enroscada sobre el borde de la cama, llorando.

—¿Qué pasó? —exclamé.

—Nada.

—¿Te sientes bien?

—Sí.

—Entonces, ¿por qué estás llorando? Silencio.

En el silencio los dos estábamos preguntándonos qué había sucedido. Yo estaba aturdido. Leslie se sentía herida. Pero, ¿por qué?

Este pequeño incidente durante la primera semana de nuestro matrimonio fue el indicador principal de que nosotros no hablábamos el mismo idioma, o por lo menos así lo parecía.

Las parejas informan que el problema número uno que encaran en el matrimonio es «un fallo en la comunicación». Y con buena razón. El matrimonio se hunde o se queda a flote dependiendo de lo bien que los cónyuges envíen y reciban mensajes, de lo bien que digan lo que quieren decir y entiendan lo que escuchan. La comunicación puede mantener a flote la intimidad de las relaciones o ser la carga inútil que lleva a la muerte.

A propósito, el mejor tiempo para crear las habilidades de la comunicación es cuando las cosas marchan bien, en las primeras etapas del matrimonio. Las investigaciones que miden lo bien que las parejas comprometidas se comunican en comparación a cómo se comunican seis años después de casarse, muestran que aprender temprano las habilidades eficientes aumenta en gran manera las oportunidades para el éxito en el matrimonio.[1] Algunos principios sencillos, bien entendidos y practicados regularmente, harán la diferencia entre si usted se hundirá o nadará como pareja.

¿Puede decir lo que pretende decir y entender lo que escucha?

El propósito de este capítulo es ayudarlo a entender mejor y a que lo entiendan mejor. Comenzaremos por subrayar la importancia de aprender a comunicarse. Después, hablaremos acerca de las causas comunes del fallo de la comunicación y revelaremos el fundamento de la comunicación correcta. Concluiremos el capítulo con algunas de las reglas de comunicación más eficaces y probadas del matrimonio.

¿POR QUÉ APRENDER A COMUNICARSE?

Una y otra vez hemos visto líneas de comunicación erróneas que derriban lo que de otra forma sería un matrimonio sólido: Ambos cónyuges se esfuerzan para expresar lo que quieren o necesitan en la relación, sin nunca reconocer que están hablando un lenguaje que el otro no comprende. Por encima de los desencantos, las parejas erigen las defensas en contra uno del otro, y se ponen en guardia. Dejan de confiar el uno en el otro, encierran partes de ellos mismos y se retiran emocionalmente de la relación. No pueden hablar sin culpar, así que dejan de oír. Uno de los cónyuges puede irse, pero si ambos se quedan viven juntos aunque divorciados emocionalmente.

Nunca es suficiente destacar la importancia de la comunicación en el matrimonio. En una encuesta reciente, casi todos (el noventa y siete por ciento) los que calificaron su comunicación con su cónyuge como excelente estaban felizmente casados, comparado con solo el cincuenta y seis por ciento que calificó su comunicación como pobre. La conclusión de la encuesta es que: «En un área de matrimonios cada vez más frágiles, la habilidad de una pareja para comunicarse es el contribuyente más importante para un matrimonio estable y satisfactorio».[2]

La comunicación es el alma del matrimonio. Tener dificultades con la comunicación no augura nada bueno para la satisfacción marital. En efecto, una de las habilidades más importante que usted puede aprender es cómo hablarle a su pareja para que escuche y cómo escucharlo/a para que su pareja hable.

Tal vez usted crea que ya sabe cómo comunicarse. Igual que la mayoría de las parejas comprometidas que aconsejamos, usted está diciendo: «Estamos enamorados, podemos hablar sobre cualquier cosa». Pero, ¿sabía que la forma de comunicarse de su pareja es diferente a la suya? Todos crecemos con un grupo único de «reglas» de comunicación, y el matrimonio obliga a dos personas con diferentes grupos de reglas a reconsiderarlas.

> No hay mayor mentira que una verdad malinterpretada.
>
> **William James**

Robert y Melissa, por ejemplo, estaban locamente enamorados. Antes de casarse hablaban hasta tarde en la noche y todas las semanas pasaban incontables horas en el teléfono. Pero pronto aprendieron que la comunicación no es siempre fácil. «Exactamente antes de casarnos», nos dijo Melissa, «Robert vino a una de las reuniones de mi familia, pero casi no habló. Si alguien lo interrumpía en medio de una historia o comentario, Rob se quedaba callado. Me volvía loca».

«Me llevó un tiempo comprender cómo se comunicaban», nos dijo Robert. En la familia de Melissa la interrupción es una señal de estar involucrados. Significa que están escuchándolo a uno, y eso era nuevo para mí. En mi familia todos con cortesía toman turno para responder al comentario previo. Nunca entendí por qué Melissa pensó que mi familia era tan aburrida y estirada».

Después de aprender algunas reglas nuevas de comunicación y ajustarla con algunas de las anteriores, Melissa dijo: «A ambos nos ayudó reconocer que no hay estilos de conversación "correctos" o "incorrectos", simplemente son estilos diferentes».

Robert y Melissa resolvieron muchos de los problemas potenciales temprano en su matrimonio, incluso antes de que surgieran. Usted también puede. Después vamos a considerar lo fácil que es desviar la comunicación.

¿Puede decir lo que pretende decir y entender lo que escucha?

Ejercicio 13:
¿Nos comunicamos bien?

Los obstáculos de la comunicación existen en todos los esposos y en todas las esposas. En el cuaderno*, el ejercicio *¿Nos comunicamos bien?* lo ayudarán a usted y a su cónyuge a identificar barreras potenciales y superarlas antes de que estas los superen a usted.

CÓMO NO COMUNICARSE

Unas tiras cómicas retratan a un esposo gruñón leyendo el periódico, su ofendida esposa está parada frente a él, cruzada de brazos. Él está diciendo: «¿Tenemos que procurar salvar nuestro matrimonio mientras que estoy leyendo la página de los deportes?» Su reacción señala una de las quejas más comunes de los cónyuges infelices: «Él/ella no me habla». Cada vez que un matrimonio se está desintegrando, el cónyuge llega a la conclusión: «No nos podemos comunicar» o sencillamente «Ya dejamos de hablarnos». Ellos creen que la falta de hablarse es la causa de sus problemas. Realmente, dejar de hablarse no es una *falta* de comunicación sino una *forma* de comunicación que envía un exceso de mensajes negativos. El silencio es un comunicador poderoso. La novela de Laurens Van der Post *The Face Beside the Fire* [La cara al lado del fuego], cuenta la historia de una mujer y el esposo a quien ella dejó de amar: «Lentamente ella está envenenando a Albert... El veneno... no se encuentra en ningún manual de química... Es un veneno tramado con todas las palabras, las trivialidades

> Es difícil no solo decir lo correcto en el lugar correcto, sino que es mucho más difícil dejar de decir cosas equivocadas en un momento tentador.
>
> **George Sala**

delicadas, tiernas, ardientes y pequeñas demostraciones de cariño que ella nunca usó, pero que habrían hablado si realmente ella lo amara».[3]

El silencio, aunque poderoso, no es la causa de la comunicación pobre, es el temor al dolor. Es básico para la naturaleza humana buscar el placer y evitar el dolor. Pero, en realidad, la gente primero evita el dolor y luego busca el placer. Este punto es crucial para entender la rotura en la comunicación porque la mayoría de estas ocurren cuando con urgencia queremos evitar el dolor emocional de sentirse inadecuado, vulnerable, temeroso y demás. Bajo estas circunstancias potencialmente dolorosas la comunicación va mal. Cuando nos sentimos inadecuados, estamos comunicando: «Si realmente supieras lo que yo era, quizás no te habría gustado». Si nos sentimos vulnerables: «Si te dijera mis sentimientos, quizás me herirías». Temeroso: «Si te expresara mi ira, te destruiría» o «Si te dijera cómo me siento, te enojarías».

La notable terapeuta familiar, Virginia Satir, habla acerca de cuatro estilos de mala comunicación que se ponen de manifiesto cuando nos sentimos amenazados: (1) los aplacadores, (2) los que culpan, (3) los que se comportan como un computador y (4) los que cambian el tema.[4] Cada estilo es una reacción disfuncional al dolor potencial y cada uno frustra nuestros intentos de comprender lo que nuestros cónyuges quieren que nosotros escuchemos.

APLACADORES

Aplacador es un hombre o una mujer «sí», congraciándose, anhelando complacer y apologético/a. Los aplacadores dicen cosas así: «lo que tú quieras» o «no te preocupes por mí, está bien». Ellos quieren mantener la paz a cualquier precio, y el precio que pagan es sentirse inútiles. Debido a que los aplacadores tienen dificultad para expresar su ira y guardan tantos sentimientos en su interior, tienen la tendencia de deprimirse y, como muestran los estudios, son propensos a enfermarse. Los aplacadores necesitan saber que es aceptable estar en desacuerdo.

¿Puede decir lo que pretende decir y entender lo que escucha?

LOS QUE CULPAN

Los que culpan son los buscadores de faltas que critican constantemente y hablan en términos generales: «Tú nunca haces nada correcto». «Eres igual a tu mamá». Por dentro, los que culpan se sienten inútiles o no amados, tienen ira al anticipar que no obtendrán lo que quieren. En caso de un problema, los que acusan sienten que la mejor defensa es una buena ofensa, porque son incapaces de expresar el dolor o el temor ni lidiar con este. Los que culpan necesitan ser capaces de hablar por su cuenta sin acusar a otros en el proceso.

LOS QUE SE COMPORTAN COMO UN COMPUTADOR

El computador es súper razonable, calmado y tranquilo, nunca admite errores y espera que la gente se conforme y actúe. Los que son como un computador dicen cosas así: «¿Estar molesto? Yo no estoy molesto. ¿Por qué dices que estoy molesto?». Le temen a las emociones, él o ella prefiere hechos y estadísticas. «Yo no revelo mis emociones, y no estoy interesado en las de nadie más». Estas personas necesitan a alguien que les pregunte cómo se sienten con respecto a cosas específicas.

LOS QUE CAMBIAN EL TEMA

La persona que distrae acude a la irrelevancia bajo la tensión, evitando un contacto visual directo y las respuestas directas. Rápidos a cambiar el tema, él o ella dicen: «¿Qué problema? Vamos de compras». Confrontar el problema los puede llevar a un pleito, lo cual podría ser peligroso. Los que distraen necesitan saber que están a salvo, que no son inútiles, que los problemas y los conflictos se pueden resolver.

La próxima vez que usted esté comunicándose con su pareja como un aplacador, culpando, comportándose como un computador o cambiando el tema, recuerde que es probable que se esté sintiendo herido o que tenga tensión acerca de algo. Además, si su pareja acude a uno de estos estilos, usted puede ayudar a disminuir su tensión siendo sensible a lo que realmente pueda ser la raíz de esto. Al fin y al cabo lo que usted necesita es buscar la manera de que ambos se sientan seguros al hablar. Y esto se logra al establecer un fundamento sólido para la comunicación eficiente.

Ejercicio 14:
El sondeo diario de la temperatura

¿Cómo puede decir lo que realmente quiere decir de forma que su pareja pueda oírlo/a? En el cuaderno*, el ejercicio *El sondeo diario de la temperatura* lo ayudará a usted y a su cónyuge a enviar y recibir mensajes que se entiendan con precisión.

EL FUNDAMENTO DE LA COMUNICACIÓN EXITOSA

Las parejas más felices que conocemos tienen relativamente pocos impasses de comunicación: son capaces de hablar con facilidad acerca de temas difíciles; sienten que se comprenden mutuamente, dejan de comunicarse muy pocas cosas y descansan en sus habilidades para resolver los conflictos. Sus secretos no están en la lista de las «reglas» de la comunicación, se entiende esto: *La buena comunicación se basa en primer lugar en quién es usted, y solo más tarde en qué hace.* Antes de practicar las «técnicas» de la comunicación, estas parejas trabajan en quiénes son como personas.

Usted puede leer artículos y libros, asistir a talleres y ver a consejeros y todos ellos le enseñarán *habilidades* para la comunicación, pero si primero usted no se enfoca en las *cualidades* que posee como cónyuge, sus esfuerzos tendrán muy pocas consecuencias. Para disfrutar una rica comunicación y un matrimonio con un fundamento sólido, debe tener presente tres cualidades personales: ternura, autenticidad y empatía.

TERNURA

Su pareja llega a usted con un conjunto de cualidades inaceptables, algunas conocidas, muchas todavía por descubrirse. Sin embargo, usted, como cónyuge, ha decidido aceptarlo/a de cualquier forma. Usted ha decidido abrazar a su pareja a pesar del mal aliento, las verrugas que tenga, las conductas caprichosas y sus inclinaciones extrañas. Esta es la clase de ternura personal, la que disimula una mancha por causa de la belleza que se esconde detrás de esta.

La clave de la ternura personal es la aceptación. En lugar de evaluar o requerir cambios, usted simplemente acepta las ideas, sentimientos y acciones de la persona que ama.

Me costó mucho tiempo darle permiso a Leslie para que fuera quien ella es. Leslie tiene el don alegre de oler las rosas, cada vez y dondequiera que las encuentre, aunque eso signifique dejar a un lado algunas tareas. Yo tengo el don de vencer los obstáculos y hacer las cosas con rapidez. Al principio de nuestro matrimonio pensé que yo tenía el llamado de convertir a Leslie a mi ética de trabajo. Pero mis esfuerzos misioneros hicieron que los dos nos sintiéramos miserables. Una vez que aprendí cómo ser tierno y acepté su manera de ser, disfrutamos una relación mucho más interesante y feliz.

La ternura no es una carta en blanco que apruebe todo lo que haga su cónyuge, tampoco es una clase de sentimentalismo ahogado de emociones artificiales. La ternura invita a su cónyuge a ser quien es, relajado, libre y en paz. Refuerza su confianza y evita retorcer su personalidad para lograr lo que cree que usted quiere que sea.

La ternura incondicional también invita la gracia de Dios al alma de su matrimonio. Cuando su pareja se siente segura de que nunca usted la condenará por lo que es, que ningún juicio le podrá herir, la gracia de Dios se ha filtrado en el tejido de su relación, deteniendo el patrón marital sutil y enfermizo de su pareja que continuamente está buscando su aprobación.

AUTENTICIDAD

Su pareja viene equipada con un radar interior que detecta los fingimientos, identifica los sentimientos manufacturados y las intenciones hipócritas mucho antes de que se expresen abiertamente. Su pareja no confiará en usted si él o ella siente que usted no es sincero/a. Sin sinceridad, poco importa todo lo demás en el matrimonio.

¿Cómo se expresa la sinceridad? No con palabras. Lo que le diga a su pareja tiene poca importancia en relación con la manera de decirlo, sonreírse, encogerse de hombros, fruncir el ceño o con una mirada feroz. Considere esto: la comunicación que no es verbal representa un cincuenta y ocho por ciento del total del mensaje. El tono de voz representa el treinta y cinco por ciento del mensaje. Las palabras que realmente dice representan solo un siete por ciento del total del mensaje.

La sinceridad se expresa con su tono y conducta no verbal, sus ojos y postura. Y las investigaciones han descubierto que los esposos y las esposas son intérpretes muy precisos de la comunicación no verbal de sus cónyuges.[5] Un conocido tal vez no note los cambios sutiles en su expresión facial, pero su cónyuge sí los notará.

Cuando nos casamos, yo estaba muy deseosa de ser la esposa perfecta que procuraba pensar, sentir y hacerlo todo como creía que lo hacían las esposas perfectas. Pero en lugar de ser perfecta, terminé sintiéndome vacía. Estaba representando un papel en lugar de ser

---

Eviten toda conversación obscena. Por el contrario, que sus palabras contribuyan a la necesaria edificación y sean de bendición para quienes escuchan.

Efesios 4.29

---

yo misma. Por suerte, un consejero habilidoso me ayudó al decirme: «Leslie, estás más preocupada con la pregunta "¿Qué *debo* sentir?" que con la pregunta "¿Qué *estoy* sintiendo?"». Él tenía razón, decidí que lo que más necesitaba nuestro matrimonio no era una pareja perfecta sino yo misma como una persona genuina.

Usted puede bañar a su pareja de amor, pero si no es verdadero, el amor es vacío. Usted puede usar todas las técnicas de comunicación que existan en el mundo, pero si no es sincero, no funcionarán. La autenticidad es lo que usted *es*, no algo que usted *hace*. Procede del corazón, no de las manos.

EMPATÍA

La mejor manera de evitar pisar el talón de su cónyuge es ponerse en sus zapatos. Eso es la empatía, ver el mundo desde la perspectiva de su cónyuge.

Hace varios años yo (Les) estaba dirigiendo un seminario de capacitación para maestros de escuela elemental. Para ayudarlos a comprender mejor el mundo de un niño de tercer grado, les di la tarea de caminar arrodillados por su respectivo salón de clase. «Siempre creí que los estudiantes veían la clase igual que yo», dijo un maestro después de completar el ejercicio. «Se ve tan diferente desde su perspectiva».

Cometemos el mismo error en el matrimonio cuando asumimos que nuestros cónyuges saben lo que estamos experimentando. No es así. Todos interpretamos la vida desde una composición de perspectivas y percepciones únicas. Para nuestro cónyuge la vida parece diferente de lo que es para nosotros, aun así tenemos la tendencia de asumir que él o ella ven la vida como nosotros la vemos. No obstante, solo después de entrar a su mundo con el corazón y la cabeza, usted entiende con exactitud su perspectiva.

Ver la vida a través del mismo lente significa hacerse dos preguntas: (1) ¿Qué le parece o qué siente mi pareja desde su perspectiva en cuanto a esta situación, problema o hecho? y (2) ¿Cuál es la diferencia entre su perspectiva y la mía?

Quizás la empatía sea la tarea más difícil para construir un matrimonio sólido. Debido a que la mayoría de nosotros está programada para usar la cabeza o el corazón, uno más que el otro, la empatía requiere un esfuerzo consciente. En el libro de Les, *Intercambio* él describe que amar nada más que con nuestro corazón es solo simpatizar, mientras que amar con nuestra cabeza sola es simplemente analizar. Sin embargo, la empatía trae tanto las habilidades compasivas como las analíticas, el corazón y la cabeza, para comprender plenamente a nuestro cónyuge. La empatía dice: «Si yo fuera tú, actuaría como tú, entiendo por qué te sientes de la manera en que te sientes».

La empatía siempre involucra riesgo, así que esté advertida. Comprender con exactitud las heridas y esperanzas de su pareja lo cambiarán a usted, pero el beneficio de tomar ese riesgo tiene mucha más ventaja que desventajas. Una vez que conscientemente usted sienta los sentimientos de él o ella y comprenda su perspectiva, verá el mundo diferente.

El fundamento de la comunicación es la seguridad de quién es usted como persona, es tierno, sincero y comprensivo. Pero mientras que estas tres características son críticas para la comunicación eficiente, por sí solas no aseguran el éxito. Todavía se necesitan unas cuantas «reglas» simples.

«REGLAS» PARA LA COMUNICACIÓN EXITOSA

Todas las herramientas para la comunicación importante se pueden reducir a cinco habilidades básicas. Si usted las aprende y las utiliza, será capaz de dar más amor a su cónyuge y su matrimonio se verá supercargado con energía positiva.

Estas son:

1. Hacer declaraciones «yo», no declaraciones «tú».
2. Practicar el escuchar reflexivo.

3. Comprender y aceptar las diferencias entre los hombres y las mujeres.
4. Disculparse cuando sea necesario.
5. Desenchufar y desconectarse de la red.
6. Comunicarse mediante un contacto físico.

HACER DECLARACIONES «YO», NO DECLARACIONES «TÚ»

Cuando usted está enojado con su cónyuge o siente que él o ella lo hirió, su tendencia natural es atacar: «¡Me vuelves loco/a! ¡Nunca pides mi opinión para decidir algo importante!».

Una declaración de «tú» como esta garantiza una barrera relacional. Virtualmente su cónyuge no tiene alternativa alguna sino sentirse culpado, acusado y criticado. Es extremadamente difícil que él o ella diga: «Sí, tienes razón. Yo puedo ser muy insensible». Por el contrario, la reacción natural de él o ella será ponerse a la defensiva: «¿Qué quieres decir? Si tienes una opinión, dila. Yo no puedo adivinar lo que piensas».

Y luego lo que típicamente sigue es una declaración «tú» como respuesta: «Tú eres el insensible. ¿Alguna vez consideraste la presión por la que estoy pasando ahora?».

Lanzar por turno las declaraciones «tú» es una forma segura de echar a perder una noche. Esta escena sería completamente diferente si se usaran las declaraciones «yo» para informar cómo se siente o cómo experimenta la situación: «Me siento herido/a y desatendido/a cuando no me pides mi opinión».

¿Nota la diferencia? La declaración «yo» brinda una información para comprenderse en lugar de acusaciones para defenderse. Las declaraciones «yo» son mucho más dadas a motivar preocupación y cuidado de su cónyuge: «Lo siento, mi amor. No sabía que te sentías así». Las declaraciones «yo» no motivan la actitud defensiva porque no dicen nada acerca de lo malo que es su cónyuge.

Que su esposo/a se sienta atacada no tiene beneficio alguno. En lugar de decir: «Eres tan descuidado/a. ¿Cómo puedes olvidar que esta noche vamos a salir?», sería mejor decir: «Me duele y me da un poco de temor cuando se te olvidan las cosas que planeamos juntos». Esto le permite expresar sus sentimientos de sentirse desatendido, pero usted está diciéndolo sin acusar a su pareja de herirla intencionalmente.

En lugar de: «Tú me haces sentir estúpido/a cuando me corriges constantemente», diga algo como: «Yo siento que me rebajas cuando me corriges las pocas cosas que digo». Comience sus oraciones con «yo» en lugar de «tú» y le ahorrará mucha miseria a su matrimonio.

La comunicación no es lo que usted dice sino lo que su pareja entiende que usted dijo. Cuando usted hace declaraciones «tú», todo lo que su pareja escucha es acusación y crítica. Las declaraciones «yo» tienen mejor efecto, porque permiten que su mensaje se escuche y comprenda correctamente.

PRACTICAR EL ESCUCHAR REFLEXIVO

Una vez un sabio dijo que el Señor nos dio dos oídos y una boca, y esa ración debe decirnos algo. Este es un buen punto. Con frecuencia pensamos en aprender la «habilidad de la buena comunicación» como un aprendizaje para expresarnos con más claridad, y hacer que nuestro mensaje llegue a su destino. Sin embargo, en realidad el noventa y ocho por ciento de la buena comunicación consiste en escuchar.

Si usted puede oír, puede escuchar, ¿verdad? Está equivocado. Oír es pasivo. Escuchar es relacionarse *activamente* con un mensaje reflexionándolo para devolverlo al que lo envía. Escuchar eficientemente es un hábito simple que se puede desarrollar, pero puede ser difícil aprenderlo porque en situaciones donde es más importante, por lo general estamos más concentrados en lo que vamos a decir próximamente que en el mensaje que se está enviando y que estamos escuchando.

¿Puede decir lo que pretende decir y entender lo que escucha?

Considere esta interacción típica de esposo y esposa:

Esposa: (*Lleva un vestido azul marino con un cuello ancho y blanco*) ¡Mira esto! Acabo de limpiar este vestido y tiene una mancha gris en el cuello. No lo puedo creer. ¿Qué voy a hacer ahora? ¡Este es el vestido que yo me iba a poner esta noche!

Esposo: Ay, mi amor, no creo que nadie lo notará. Además, podrías ponerte el vestido amarillo. Te queda muy bien.

En esta escena el esposo trató de ayudar, pero no escuchó. Él estaba más preocupado en resolver el problema que en entender las emociones de la esposa. Pudo hacer cualquier cantidad de comentarios que hicieran que su compañera sintiera que la escucharon y comprendieron, tal como «Lo siento, yo también estaría furioso» o «No puedo imaginar lo desencantada que estás».

El punto de escuchar reflexivamente es dejar que su pareja sepa que usted escuchó lo que dijo y que entiende su mensaje. A propósito, escuchar reflexivamente es una manera maravillosa de evitar un conflicto potencial. Si su compañero/a comienza a hacer declaraciones de «tú» como: «Tú siempre llegas tarde», no diga «No es cierto». Por el contrario, exprese sinceramente que usted comprende sus sentimientos al decir: «Sé que te molestas cuando llego tarde. Es desesperante. En el futuro procuraré estar a tiempo». Escuche que el mensaje que se esconde en las palabras: «Siempre llegas tarde» es «Estoy enojado».

Muchas de las parejas a las que enseñamos el escuchar reflexivo se quejan de sentirse raros y oírse poco sinceros o hasta condescendientes. Es por eso que establecimos el fundamento de ser tiernos, sinceros y con empatía. Cuando el escuchar reflexivo está fundido en estos rasgos, nunca es una función robótica y vendrá del corazón. Si escucha profundamente, y si realmente se preocupa, entonces la reflexión que devuelve a su pareja

> Todos deben estar listos para escuchar, y ser lentos para hablar y para enojarse.
>
> **Santiago 1.19**

no será mecánica. Como cualquiera otra nueva habilidad, escuchar puede parecer algo raro al principio, pero cuando usted comienza a experimentar la diferencia que hace en su matrimonio, la sensación rara disminuirá con rapidez.

Sin embargo, recuerde, que la verdadera empatía al escuchar involucra *cambios*. Por desgracia, algunas personas quizás aprendan a escuchar bien, pero fallan al no tomar en cuenta lo que escuchan. Si su pareja está pidiendo un cambio en su conducta, considere con seriedad la petición y luego, si parece razonable, actúe. Las palabras solas sin los hechos, están muertas, así es también escuchar sin actuar.

Algo más en cuanto a escuchar. Si usted no encuentra cómo responder y tiene dificultad para devolver el mensaje de su pareja, haga dos cosas: (1) asegúrese de que realmente quiere entender con precisión su mensaje, y (2) diga algo así: «Dime más acerca de esto» o «Ayúdame a entender lo que quieres decir». Esta técnica que actúa como una red de seguridad, hace maravillas.

El reconocido consejero suizo, doctor Paul Tournier, dijo: «Es imposible hacer demasiado énfasis en la necesidad inmensa que tenemos de realmente escuchar, de que nos tomen en serio, de ser comprendidos... Nadie se puede desarrollar libremente en este mundo y descubrir una vida plena sin saber que por lo menos una persona lo comprende».[6] Cuando usted le ofrece a su cónyuge el don de escuchar, está personificando lo que realmente significa el matrimonio.

Ejercicio 15:
Ahora oigo con claridad

Aprender a reflejar el mensaje emocional de su pareja es crítico para la buena comunicación. En el cuaderno*, el ejercicio *Ahora oigo con claridad* les ayudará a usted y a su cónyuge a sinceramente combinar su comprensión mutua al reflexionar en lo que oyó.

COMPRENDER Y ACEPTAR LAS DIFERENCIAS ENTRE LOS HOMBRES Y LAS MUJERES

En la obra *Mi bella dama*, cuando el profesor Henry Higgins gritó: «¡¿Por qué las mujeres no pueden parecerse más a los hombres?!». Todos sabemos que él no está hablando acerca de la anatomía. Él está enamorado de Eliza, pero realmente no puede comprenderla. Es un experto del idioma, le enseñó a Eliza a hablar inglés como hablan los de la alta sociedad, pero no se puede comunicar con ella.

Henry Higgins no es el único. En algún momento casi todos los hombres y mujeres se han desesperado porque jamás han «logrado comunicarse» con el sexo opuesto. Los hombres son muy diferentes a las mujeres. Aunque nuestros papeles se pueden cambiar, es imposible cambiar nuestra psiquis. Y aunque la conducta del otro sexo es diferente a la nuestra, no es incorrecta. Si la juzgamos como «mala», simplemente somos miopes y pasados de moda. Debemos aceptar nuestras diferencias, dejar de denunciarlas, cambiar nuestras expectativas y aceptarse mutuamente. Aceptar las diferencias mutuas es una clave vital para la comunicación eficiente.

La comunicación puede cerrar o abrir la brecha entre los géneros. En conversación, los hombres y las mujeres parecen hacer las mismas cosas, abren sus bocas y producen sonidos. Sin embargo, realmente usan la conversación con propósitos muy diferentes. Las mujeres usan la conversación primordialmente para formar y solidificar las relaciones con otras personas. Los hombres, por otra parte, tienden a usar palabras para navegar dentro de su jerarquía al comunicar sus conocimientos y habilidades e impartir información.

Las mujeres superan lo que la experta lingüista Deborah Tannen llama «hablar para desarrollar relaciones». Los hombres se sienten más cómodos al «hablar para informar».[7] Aunque las mujeres tal vez tengan más confianza en la habilidad verbal (exámenes de aptitud prueban que tienen una habilidad superior), ellos son menos dados a usar esa habilidad en un contexto público.

Los hombres se sienten cómodos dando un informe a grupos o interrumpiendo a un orador con una objeción, estas son habilidades aprendidas en la jerarquía masculina. Muchas mujeres pueden percibir la misma conducta como ponerse en exhibición. Por ejemplo, en una fiesta los hombres cuentan historias, dicen sus especialidades y cuentan chistes, mientras que las mujeres por lo general conversan en grupos pequeños acerca de temas más personales. Están ocupadas relacionándose, mientras que los hombres están posicionándose.

¿Cómo se relaciona esto con la comunicación en su matrimonio? Se resume así: En la conversación, las mujeres cuentan sentimientos y los hombres resuelven problemas. Si usted no comprende estas diferencias de estilo, su conversación puede resultar terriblemente frustrante. Por ejemplo:

Esposa: Tú no podrías creer la cantidad de trabajo que mi jefe me está dando. Escucha esto...

Esposo: Cariño, te sigo diciendo que hables con él acerca de esto.

Estos tipos de interacciones envían a muchas parejas a consejeros porque no entienden que las mujeres cuentan sus sentimientos y los hombres resuelven sus problemas. Una vez que se hace esta distinción, se puede aplicar una solución sencilla que funciona instantáneamente y con poca práctica: Simplemente póngale nombre al tipo de conversación que usted quiere tener y pídale a su pareja que lo acompañe. Solo porque los hombres tengan la tendencia de resolver problemas y las mujeres tengan la tendencia de comentar los sentimientos no significa que cada uno no sea capaz del otro modo. Aquí decimos cómo podría ser la conversación anterior:

Ella: Tú no podrías creer la cantidad de trabajo que mi jefe me está dando. Escucha esto...

Él: Cariño, te sigo diciendo que hables con él acerca de esto.

¿Puede decir lo que pretende decir y entender lo que escucha?

Ella: Ya lo sé, pero ahora mismo me gustaría tener una conversación acerca de los sentimientos, ¿está bien? Yo solo necesito sacar esto.

Él: Está bien, cuéntamelo.

En este momento, ella puede relatar el incidente y él puede escuchar activamente en cuanto a los sentimientos, reflejándolos para devolvérselos de vez en cuando. Si reconoce que ustedes dos son de modos diferentes, darle nombre a una conversación: «conversación de sentimientos» o «conversación de problemas» funciona mágicamente, respetando ambos estilos en su matrimonio y validando los dones de comunicación de su cónyuge.

En el próximo capítulo tendremos mucho más que decir acerca de las diferencias de los géneros.

DISCULPARSE CUANDO SEA NECESARIO

Disculparse con gracia es una reverencia a la cortesía, un gesto que ayuda a multitudes de ciudadanos a llevarse unos con otros, una modesta inclinación de cabeza para mantener los estorbos dentro de los límites tolerables. Pero en el matrimonio, una disculpa a su pareja —que sea sincera— es mucho más que una cortesía, puede ser una herramienta poderosa para resolver temas y fortalecer su relación.

A veces, disculparse es algo perfectamente sencillo. Cuando uno de los dos lo echa a perder, y la ofensa es menor (quizás a él se le olvidó echarle gasolina al auto), una disculpa con gracia es todo lo que se necesita para olvidar el incidente. En otros momentos una disculpa puede ser sorprendentemente complicada. Como muchas parejas, un esposo y esposa con quienes trabajamos regularmente le daban un fin prematuro a sus discusiones con apresuradas disculpas. Uno de los dos diría: «Ya dije que siento haber hecho lo que hice. Entonces, ¿por qué no te olvidas de esto y seguimos adelante?».

Esta forma de apología realmente es una herramienta de manipulación, una manera de escaparse y evitar el verdadero tema. Lo peor es que una disculpa prematura bloquea el verdadero cambio. Un esposo regañó a su esposa en una fiesta. Luego le dijo: «Lo siento, pero mira, tienes que entender que últimamente he tenido mucha presión». El esposo estaba evitando la responsabilidad por su conducta insensible. Lo que su esposa necesitaba oír era: «Lo siento. No es correcto regañarte cuando estoy tenso». Esto le habría dicho a su esposa que su esposo comprendió que la hirió y tratará de no volverlo a hacer.

¡Palabras! ¡Palabras! ¡Las palabras me enferman! Me dan palabras durante todo el día. ¿Es eso todo lo que ustedes pueden hacer? No digas que las estrellas están ardiendo allá arriba. Si estás enamorado, ¡muéstramelo!

Eliza en *Mi bella dama*

Las verdaderas disculpas en el matrimonio solo suceden cuando la pareja llega a entender su responsabilidad. Esta es otra manera de decir que cada uno de ustedes debe hacerse responsable de su propia conducta, reconocer el punto de vista de su pareja y a veces admitir las cosas de sí mismo que a usted no le gustan. Por último, quizás signifique hacer cambios. «Tuve que tragarme mi orgullo y admitir algo desagradable de mi persona», nos dijo un esposo. «Pero una vez que lo hice, comencé a cambiar».

Todas las parejas necesitan un mecanismo sanador, una manera de dar vuelta a una nueva página en el matrimonio, y saber cómo y cuándo decir que lo siente hace una gran diferencia. Pregúntese cuándo y cómo usted se disculpa. ¿Uno de ustedes se disculpa más que el otro? ¿Usa usted disculpas para pasar por alto o encubrir algún asunto?

Tal vez una disculpa no sea un literal «Lo siento», quizás sea dar un regalo, una invitación para salir una noche, o simplemente dar juntos una caminata tranquila. El punto es que una disculpa sincera, cualquiera sea su forma, deja a la pareja con una cercanía renovada y un sentimiento de alivio de que todo anda bien.

¿Puede decir lo que pretende decir y entender lo que escucha?

DESENCHUFE Y DESCONÉCTESE

¿Está listo para unas noticias asombrosas? Las parejas que mantienen conversaciones con sus teléfonos al lado, incluso si no están utilizándolos, hablan de la pobre calidad de su relación y sienten que sus compañeros reaccionan con menos ímpetu hacia sus problemas.[8] Esto es tremendo, pero los estudios nos informan de que nuestros portátiles, tabletas, teléfonos e incluso nuestros relojes inteligentes (y los medios sociales que soportan) pueden interponerse entre las parejas. Tanto que el comediante Will Ferrell dice: «Antes de casarse pregúntese: ¿es esta la persona que quiere ver pegada a su teléfono el resto de su vida?».

Considere lo siguiente:

- Treinta y cuatro por ciento de las parejas admite responder a llamadas telefónicas durante momentos «íntimos».
- Veinte por ciento de las personas preferirían ir descalzos durante una semana que dejar su teléfono por una temporada.
- Sesenta y cinco por ciento de las personas duermen con sus teléfonos al lado.

¿Nos extraña cuando decimos que la tecnología nos impide conectar? Los expertos señalan el hecho de que nuestros dispositivos dan un sentido de gratificación instantánea que estimula el circuito de recompensa cerebral. Entramos en la adicción. Mirar el teléfono se convierte en algo compulsivo.

Entonces, ¿Qué podemos hacer? Para empezar, cuando tienen una conversación importante es mejor poner los teléfonos fuera de la vista y del pensamiento, también cuando estén comiendo juntos y vayan a una cita romántica juntos. En otras palabras, sea responsable y apague el teléfono. Sabemos que es difícil, pero si hace un hábito de esta práctica tendrá conversaciones maravillosas.

Los expertos también recomiendan recargar los aparatos en otras habitaciones que no sean el dormitorio para mantener la intimidad. De hecho, la interacción sin tener un teléfono al lado ayuda a fomentar la cercanía, la conectividad, la confianza interpersonal y los sentimientos de empatía, que son los elementos esenciales para una buena conversación.[9]

Hablando desde mi óptica personal (Les), tras años de hacerlo mal, he adquirido el hábito de recargar mi teléfono en mi oficina de casa en vez de traerlo a la cena o a la cama conmigo. Hacer simplemente esto lo ha cambiado todo para mí.

COMUNÍQUESE MEDIANTE UN CONTACTO FÍSICO

Durante los últimos veinte años hemos reconocido cuánto los niños necesitan que los carguen y toquen. Ahora sabemos que ellos no pueden crecer bien, literalmente ellos no se desarrollan bien, excepto si experimentan una cercanía física y emocional con otro ser humano. Lo que a menudo no reconocemos es que cuando crecemos, la necesidad de la relación física no nos deja y cuando satisfacemos esta necesidad de nuestros cónyuges podemos aumentar la salud de nuestro matrimonio.

El contacto físico es un medio poderoso de comunicación y una manera gentil y de apoyo para cuidar el espíritu y expresar las emociones positivas. En su libro *Anatomía del amor* la antropóloga Helen Fisher describe por qué el contacto físico es tan poderoso: «La piel humana es como una pradera en la que cada hoja de hierba equivale a una terminación nerviosa, sensible al más leve contacto, y capaz de dibujar en la mente humana el recuerdo del instante».[10]

Técnicamente hablando, la piel humana está llena de millones de terminales de nervios, llamados «receptores del toque», y cuando a uno lo tocan, estos receptores envían mensajes al cerebro. El cerebro, a cambio, segrega químicas apropiadas a la situación.

Imagine por un momento que usted venga a la casa luego de un día difícil, sintiéndose tenso, cansado e irritable, pero entonces su pareja lo rodea con sus brazos y le da un cariñoso apretón. Ese abrazo motiva que suba la hemoglobina, una sustancia en las células rojas de la sangre que transporta el oxígeno que da energía a través de su cuerpo. Increíblemente, ese abrazo delicado o incluso una suave ternura puede motivar que un corazón que palpita fuertemente se suavice, que baje la presión arterial y se mejore un severo dolor.

Es probable que usted esté diciendo: «Tocar es una habilidad que no tenemos que aprender». Es probable que tenga razón. Comunicarse mediante el contacto físico no es el tema para la mayoría de las parejas que están por casarse. Por lo general, ellos se abrazan y besan y se agarran de las manos cada vez que están juntos. También, por lo general, ellos asumen que eso siempre será así. Y, sí, en algunos matrimonios los dos siguen abrazándose y agarrándose de las manos a través de sus vidas. Pero en muchos otros matrimonios ese contacto físico se desvanece. Especialmente después que llegan los hijos y el paso de la vida se acelera, el contacto físico a menudo se reserva para el sexo. El toque puramente afectivo, excepto por pequeñas palmaditas y besos rápidos, tal vez desaparezca.

Para ayudar a sostener las relaciones del contacto físico, hable acerca de cómo se usó el contacto físico en el hogar donde usted creció. ¿Había mucho o poco contacto físico en su familia? Todas estas investigaciones muestran una relación directa entre cómo usted experimenta el toque como un adulto y con cuánta frecuencia y de qué maneras a usted lo tocaban de niño. Usted podría hablar acerca de cómo orientarse más al contacto físico, aunque haya crecido en una familia que lo evitaba.

También puede explorar las zonas cómodas de cada uno. Es probable que ustedes prefieran diferentes cantidades y clases de toque. Para uno de ustedes un suave toque en la mano puede significar tanto como un abrazo lento al otro. Y los estudios muestran que algunos hombres, cuando se sienten inseguros, interpretan el toque como un tipo de relego en lugar de ser una fuente de comodidad.

Dado su impacto potente en nuestras vidas, no es por gusto que el toque se conozca como la «madre de los sentidos». Sencillamente no hay mejor manera de comunicar la idea de que «no estás solo», «tú eres importante», «lo siento» o «te amo». Así que la próxima vez que le falten palabras, recuerde, tocar puede ser la mejor manera de hablarle a su pareja.

PARA REFLEXIONAR

1. ¿Cuáles son sus puntos fuertes y debilidades personales cuando se trata de la comunicación eficiente?

2. ¿Recuerda una conversación que tuvo con su pareja que derivó en confusión y tristeza? Al recordar esto, ¿qué cree que estuvo mal? En otras palabras, ¿qué haría diferente la próxima vez que surja una situación similar?

3. Es una mala interpretación común creer que no hablar es lo que lleva a una ruptura de la comunicación. ¿Por qué esto no es así? ¿Cuál es la causa fundamental de la comunicación disfuncional?

4. ¿Por qué es importante enfocarse primero en quién es usted como persona antes de practicar las técnicas de la comunicación?

5. La empatía involucra el pensamiento y el sentimiento. ¿Qué significa esto? ¿Cómo sabe usted que siente empatía con otra persona?

6. ¿Cómo al convertir las declaraciones «tú» en declaraciones «yo» se hace una diferencia en la comunicación?

7. Devolver el mensaje de su pareja le deja saber que usted entiende lo que él está diciendo. Antes de practicar esta técnica, ¿qué debe asegurarse una persona de hacer para que no sea simplemente una función robótica?

8. Los estudios dicen que los hombres «hablan para informar» y las mujeres «hablan para establecer relaciones». ¿Considera que esto sea cierto? ¿Qué ejemplos de su propia experiencia puede recordar?

9. ¿Está de acuerdo en que el toque físico juega una parte importante en la comunicación eficiente con su pareja? ¿Por qué o por qué no?

Pregunta 5:

¿COMPRENDE LA DIFERENCIA ENTRE LOS GÉNEROS?

Yo soy un hombre y tú eres una mujer. No puedo imaginarme un arreglo mejor.
GROUCHO MARX

—Tú no irás a empacar toda esa ropa, ¿verdad? Este es un viaje de solo tres noches, no de tres semanas. Además, ¿quién se ocupa de ver cómo te ves cuando estás de camping? A medida que salían estas palabras de mi boca, yo (Les), me arrepentí inmediatamente de haberlas pronunciado. Era casi la medianoche y ambos nos sentíamos un poco malhumorados. Temprano, a la mañana siguiente, nos iríamos en un viaje de fin de semana a un campamento rústico cerca de Santa Bárbara.

—Tú llevas lo que quieras y yo llevo lo que quiero —contestó Leslie—. Que a ti te plazca usar el mismo par de jeans durante tres días no quiere decir que yo tenga que hacer lo mismo. A propósito, ¿no vas a llevar la computadora portátil? La última vez que veníamos de regreso del este terminamos cargando con esa cosa por todas partes y tú nunca la usaste. Así que, ¿quién es el frívolo acerca de lo que empacamos?

—Me gusta saber que mi computadora está ahí por si quiero usarla.

—Bueno, a mí me gusta tener esta ropa por si quiero usarla —contestó Leslie.

—Tienes razón, tienes razón —confesé—. Lo que a mí me parece esencial para ti puede ser incidental y viceversa. A veces somos muy diferentes.

Realmente diferentes. Las investigaciones más recientes han descubierto que las mujeres y los hombres realmente tienen diferencias biológicas, psicológicas y profesionales. Biológicamente las mujeres tienen una conexión más grande entre los dos hemisferios de sus cerebros y una tendencia hacia la superioridad de la habilidad verbal. La mayor separación entre los hemisferios del cerebro del hombre puede contribuir a una pequeña tendencia hacia el razonamiento abstracto y una capacidad superior para rotar mentalmente los objetos en el espacio. Psicológicamente las mujeres con frecuencia encuentran su sentido de identidad a través de las relaciones con otros, los hombres tienen la tendencia de encontrar el sentido de su ser mediante la separación. Profesionalmente, los hombres a menudo están más concentrados en metas a largo plazo, las mujeres con frecuencia dedican más atención al proceso mediante el cual se logran esas metas.

> Tres cosas hay que me causan asombro, y una cuarta que no alcanzo a comprender: el rastro del águila en el cielo, el rastro de la serpiente en la roca, el rastro del barco en alta mar, y el rastro del hombre en la mujer.
>
> **Proverbios 30.18–19**

El contraste entre las mujeres y los hombres a veces es tan notable que uno se pregunta cómo la atracción entre ellos puede ser tan fuerte. Esto es un rompecabezas que durante siglos los humanos han estado tratando de resolver. Un antiguo mito griego dice que la tierra estaba poblada por seres que eran mitad hombres, mitad mujeres.

Cada uno estaba completo en sí mismo y se consideraban ser perfectos. En su orgullo se rebelaron en contra de los dioses, después de lo cual un Zeus irritado cortó a cada uno a la mitad, regando las mitades sobre la tierra. Desde entonces el mito relata que cada mitad está buscando su otra mitad.

Debe haber alguna verdad fragmentada en la explicación de este mito. La historia de la creación recalca el hecho fundamental de la necesidad que tenemos el uno del otro por causa de nuestras diferencias. Adán, que vivía en el único paraíso que haya existido en esta tierra, no sentía dolor y nunca derramó lágrimas. Y, sin embargo, incluso en un paraíso, floreció la soledad, tanto que Dios determinó que no era «bueno» para el hombre estar solo, algo le faltaba. Dios respondió creando a Eva, no a otro Adán.

Hay una plenitud inherente cuando un hombre y una mujer se casan. Nuestro compañero completa lo que a nosotros nos falta. Si estamos desanimados, ellos tienen esperanza. Si somos tacaños, ellos son generosos. Si somos débiles, ellos son fuertes. Debido a que somos masculinos y femeninas y estamos unidos, hay un todo. Pero nuestra diferencia, si no se comprende y acepta, se convierte en una fuente de confusión en lugar de plenitud.

Con mucha frecuencia en el matrimonio se obvian las diferencias fundamentales entre las mujeres y los hombres cuando presumimos erróneamente que nuestro cónyuge es como nosotros, «lo que es bueno para mí es bueno para ti». Evaluamos su conducta de acuerdo a nuestras normas femeninas o masculinas, sin nunca considerar la vasta diferencia entre los sexos.

Durante muchos años las diferencias de los géneros no se definieron con claridad. Pero ahora reconocemos, con más precisión que nunca antes, la brecha entre los hombres y las mujeres. Y obviar esta brecha es arriesgar el poner su matrimonio al borde del desastre.

El propósito de este capítulo es ayudarlo a reconocer que su compañero/a, por la virtud de pertenecer al sexo opuesto, piensa, siente y se conduce diferente a usted. Estas diferencias, si se atienden y se toman en cuenta, pueden llegar a ser una fuente de mayor intimidad en su matrimonio. Comenzaremos por recalcar el hecho de que los hombres y las mujeres son diferentes y entonces observaremos con exactitud cómo se diferencian los hombres de las mujeres. Luego le mostraremos, desde el punto de vista masculino y femenino, cómo tender un puente entre los géneros y vivir exitosamente con el sexo opuesto, vivir en «unidad» como mujer y hombre.

¿SOMOS *TAN* DIFERENTES?

La revolución feminista de la década de 1970 hizo que el hablar de las diferencias innatas en la conducta de los hombres y de las mujeres fuera algo claramente pasado de moda, incluso tabú. Este argumento planteaba que una vez que se aboliera el sexismo, el mundo llegaría a ser perfectamente equitativo, un lugar andrógino, excepto por algunos detalles anatómicos. Las diferencias masculino-femenina no eran innatas, argumentaban, sino simplemente aprendidas, y estas podrían desaprender.

Pero en lugar de desaparecer, la evidencia de las diferencias innatas de los géneros comenzó a aumentar. Por ejemplo, los científicos descubrieron diferencias neurológicas entre los sexos tanto en la estructura del cerebro como en su funcionamiento, forzando a cada pensador objetivo a llegar a la conclusión de que, después de todo, la naturaleza es por lo menos tan importante como la crianza. Hasta Betty Friedan, una catalizadora de muchos de los movimientos feministas, recientemente se vio obligada a reprender a sus hermanas feministas: «Ha llegado el momento de reconocer que las mujeres son diferentes a los hombres. Tiene que haber una igualdad que considere el hecho de que las mujeres son las que tienen los bebés».[1] *Vive la difference.*

Aunque la ciencia muestra que los hombres y las mujeres están diseñados de maneras muy diferentes (las diferencias de los géneros tienen tanto que ver con la biología del cerebro como con la manera en que nos criamos), se nos hace difícil aceptar, menos aún apreciar, nuestras diferencias. Y aquí es donde comienza una gran cantidad de problemas en el matrimonio.

¿Comprende la diferencia entre los géneros?

Cada vez que dirigimos un retiro para matrimonios, dividimos el grupo a la mitad en algún momento, esposas en un círculo, esposos en otro, para un breve ejercicio. Luego hacemos preguntas que siempre generan una candente discusión entre los grupos del mismo sexo: ¿Qué necesitan los hombres saber acerca de las mujeres y qué necesitan las mujeres saber acerca de los hombres? Las respuestas son de esperar:

Los hombres dicen...	Las mujeres dicen...
• Las mujeres son muy emotivas	• Los hombres no tienen suficiente sensibilidad
• Las mujeres no sienten tanta presión para proveer la entrada financiera a la familia	• Los hombres no dividen justamente las tareas de la casa
• Las mujeres con frecuencia niegan su verdadero poder	• Los hombres temen ser vulnerables o perder el control
• Las mujeres hablan demasiado	• Los hombres no escuchan

El punto de nuestro ejercicio no es quejarse del sexo opuesto sino ayudar a las parejas a ver, antes que nada, que existen diferencias previsibles entre los sexos, y segundo, reconocer que las diferencias que consideraron personales, estrictamente entre ellos y su cónyuge, a menudo son iguales entre la mayoría de las parejas. «Antes del ejercicio creí que éramos un matrimonio mutante», nos dijo una pareja. «Reconocer lo universales que son nuestras diferencias nos hace saber que somos normales y que podemos hacer que esto funcione».

Sin embargo, hacer que el matrimonio funcione, no solo depende de reconocer nuestras diferencias. Es además un asunto de *apreciar* esas

> En nuestra civilización los hombres temen no ser suficientemente hombres, y las mujeres temen que solo las consideren mujeres.
>
> **Theodore Reik**

diferencias. Hemos visto algunas parejas identificar sus diferencias y luego procurar eliminarlas. Wayne, por ejemplo, decidió que era necesario frenar las emociones más expresivas de Teri. «No es necesario emplear tus energías en tanto emocionalismo», diría él. Teri, queriendo ser una jugadora del equipo, procuró con desespero ahogar su expresión natural de las emociones y parecerse más a Wayne. Ambos eran sinceros en su esfuerzo por tender un puente entre las diferencias, pero desde el principio estaban destinados al fracaso. Las diferencias de los géneros no se facilitan creando simetría, haciendo que los hombres y las mujeres piensen, sientan y lo hagan todo igual. El hecho es que los hombres y las mujeres *son* diferentes. Y las parejas que abiertamente reconocen sus diferencias y las aprecian mejoran sus oportunidades de evitar riñas. Además, aumentan su nivel de intimidad deleitándose en sus diferencias. La clave, desde luego, es saber con exactitud cuáles son esas diferencias.

Ejercicio 16:
Inventario de las parejas

Al tender un puente entre los géneros, cada uno de ustedes operará con suposiciones que difieren. En el cuaderno*, el ejercicio *Inventario de las parejas*, lo ayudará a usted y a su cónyuge a observar cómo las suposiciones de su papel de acuerdo al género, ejercen influencia en las decisiones que hacen y en la intimidad de sus relaciones.

¿CÓMO NOS DIFERENCIAMOS?

Usted siempre encontrará las excepciones a la regla, pero las investigaciones y la experiencia constantemente señalan una distinción fundamental y poderosa entre los sexos: *Los hombres se concentran en los logros, las mujeres en las relaciones.* Parece ser demasiado simplista, y probablemente lo sea.[2] Pero recordar estas reglas generales puede salvar a todas las parejas de usar y quebrar sus matrimonios y fortalecer sus lazos.

Leslie y yo, como otras parejas, aprendimos estas diferencias esenciales entre los sexos tan pronto nos casamos.

LA PERSPECTIVA DE LESLIE

Durante nuestro cuarto o quinto mes de casados yo recuerdo preguntarme por qué Les no era tan romántico como antes. Antes de casarnos él planeaba noches emocionantes, me besaba cuando el semáforo estaba en rojo, guardaba los boletos de los lugares de nuestras citas, me traía flores y hasta me escribía tiernos poemas de amor. Pero después de casarnos menguó su lado romántico. No es que dejara de ser totalmente romántico, pero había algo decididamente diferente. *¿Por qué?*, me preguntaba. *¿Estaba yo haciendo algo mal? ¿Tenía él dudas acerca de nuestro matrimonio?* No pude contestar estas preguntas acertadamente hasta que descubrí la diferencia fundamental entre el hombre y la mujer.

Les, como la mayoría de los hombres, es pragmático. Él se enfoca en una meta futura y necesita creer en el valor práctico de esta meta. Él justifica una actividad en el presente de acuerdo a lo que la actividad logrará en el futuro. Él pregunta: «¿qué bien puede hacer esto?». Le gustan las palabras como *progreso* y *útil.* Él puede ser muy paciente al hacer cosas románticas con tal de que al fin prueben ser productivas.

Yo, por otra parte, soy como la mayoría de las mujeres. Me enfoco en los sentimientos y actividades del presente, por lo que son. No necesito una meta, basta con sencillamente disfrutar el momento. Me pregunto: «¿Qué está pasando y cómo lo puedo saber y sentir?». No necesito ser productiva ni ver la utilidad de algo. En efecto, los logros parecen ser enormemente fríos y que distraen. Me gustan las palabras como *afinidad* y *relacional*. Puedo tener mucha paciencia para hacer pequeñas cosas románticas simplemente porque hacerlo tiene un valor intrínseco.

Desde luego, Les tiene una perspectiva diferente.

PERSPECTIVA DE LES

Antes de nuestra boda Leslie era una persona despreocupada, ansiosa por complacer. Se sentía bien en cuanto a nuestras relaciones y veía el futuro con optimismo. Pero pronto después de casarnos, Leslie comenzó a cambiar, o por lo menos así me lo pareció. Comenzó a preocuparse demasiado por nuestra relación y hablaba de maneras para mejorarla. Si yo no me unía, ella se sentía herida y rechazada. Recuerdo que yo pensaba: *¿Por qué ella de repente se ha puesto tan emotiva? ¿Por qué ahora llora con tanta facilidad?* Antes de casarnos ella nunca pareció tan poco práctica, ahora, a veces, me parecía irracional. *¿Cómo las flores podían ser tan importantes cuando apenas tenemos suficiente dinero para sostenernos?*, me preguntaba. Su deseo de hablar respecto a nuestras relaciones me hizo sentir que como esposo yo era un fracasado. *¿Acaso no aprecia todo lo que hago por ella?*, pensaba.

> Su disposición para aceptar las diferencias entre ustedes le permitirá complementarse uno al otro de manera tal que la vida será mejor para cada uno de ustedes.
>
> **C. W. Neal**

Yo, como la mayoría de los hombres, no sentía la necesidad de tener largas conversaciones acerca de nuestra relación. Yo me contentaba con solo saber que Leslie me amaba, yo la amaba y así, unidos, estábamos en camino a una vida feliz. ¿Para qué teníamos que hablar? Desde mi punto de vista tener que trabajar en este detalle o el otro, era una pérdida de energía.

A FIN DE CUENTAS

Reconocer lo fundamentalmente diferentes que son los hombres y las mujeres me permitió (Leslie) ver que Les me cortejó para casarse. Era así de simple. Una vez que nos casamos, su propósito de cortejarme ya se daba por terminado, y él estaba listo para pasar a otras actividades productivas. Resultó que después de todo sus «cariñitos sin sentido» eran «cariñitos con mucho sentido», no eran más que susurros calculados para persuadirme hasta el altar. Parece engañoso, pero no lo es. En realidad, Les suponía que yo era como él y que ambos continuaríamos el romance mutuo solo mientras tuviera sus consecuencias prácticas, después de eso él esperaba que ambos pasáramos al verdadero negocio de la vida.

Yo (Les) con el tiempo reconocí que ninguno de nosotros realmente cambió después de casados. Pero nuestras circunstancias sí cambiaron. Ya había alcanzado la meta que me hacía especialmente romántico, y el hecho de ser romántico solo por ser romántico, que Leslie valoraba, dejó de ser una prioridad en común en nuestras relaciones. Debido a que mis energías habían cambiado a un asunto más práctico como era construir un hogar estable con un futuro seguro, me era difícil reconocer que Leslie no lo viera exactamente como yo. Ella quería cortejar y besar solo por besar. Y una vez casados, ella esperaba que el mismo estilo de romance continuara para siempre.

Nuestras diferencias no eran únicas. Son universales: A los hombres los motiva un logro, a las mujeres las relaciones.[3] Así que cuando surjan las diferencias de los géneros en su matrimonio, no juzgue a su cónyuge como el maligno. Él o ella no lo engañó, simplemente fue necesario el matrimonio para dejar ver sus diferencias.

Las diferencias que ustedes traen juntos como mujer y hombre son buenas y se pueden celebrar. Como un cuerpo debe tener una cabeza calculadora y un corazón sensible, también un matrimonio tiene bendición si disfruta ambos dones. «¡Te alabo porque soy una creación admirable!».

Entonces, ¿cómo usted celebra las diferencias masculino-femenino? Al satisfacer las necesidades únicas que son parte del género de su cónyuge. Típicamente los hombres procuran satisfacer las necesidades que los hombres valoran, y las mujeres procuran satisfacer las necesidades que las mujeres valoran. El problema es que las necesidades de su esposo no son las mismas que usted tiene, y usted no puede satisfacer las necesidades de él haciendo lo que haría por otra mujer. De la misma manera, las necesidades de una esposa son diferentes a las de su esposo, y él no puede satisfacer las necesidades de ella haciendo lo que es natural para un hombre. En esencia, tanto los esposos como las esposas deben «extenderse» más allá de ustedes mismos, considerar lo que necesita su cónyuge y luego proveérselo.

En las dos secciones siguientes señalamos algunas necesidades específicas que tiene su cónyuge y que tal vez usted no las haya reconocido. Al satisfacer estas necesidades de su cónyuge, usted tenderá un puente entre las diferencias de los géneros en su matrimonio y ganará incontables recompensas.

Ejercicio 17:
Sus diez necesidades principales

Los hombres y las mujeres tienen necesidades diferentes en el matrimonio. Si usted no reconoce cuáles son las necesidades primordiales de su cónyuge, fallará miserablemente al procurar satisfacerlas. En el cuaderno*, el ejercicio *Sus diez necesidades principales* lo ayudará a usted y a su cónyuge a identificar cómo difieren sus necesidades personales.

LO QUE TODO ESPOSO DEBE SABER ACERCA DE SU ESPOSA

Sigmund Freud, el padre del psicoanálisis, dijo: «A pesar de mis treinta años investigando el alma femenina, todavía no he sido capaz de contestar la gran pregunta: ¿Qué quiere una mujer?».

Bueno, Freud tal vez no fue capaz de identificar las necesidades más profundas de las mujeres, pero las investigaciones modernas sí lo han logrado.[4] Las necesidades más básicas en las esposas en el matrimonio son: (1) sentirse querida, (2) sentirse comprendida y (3) sentirse respetada.

ELLA NECESITA SENTIRSE QUERIDA

«Doctor, no lo puedo entender». Doug declaraba antes de siquiera sentarse en mi oficina de consejería. «Lisa tiene todo lo que necesita. No tiene que trabajar, se compra mucha ropa, vivimos en un lugar formidable, tomamos vacaciones maravillosas, le soy fiel, pero ella se siente miserable». Doug movió su cabeza y dijo: «No lo puedo entender».

Hablamos un poco más acerca de sus siete años de matrimonio y cómo él procuraba expresar su amor por Lisa. «Doctor, no soy una persona conversadora», dijo él. «Le demuestro mi amor brindándole lo mejor que puedo». Este pobre esposo no se daba cuenta de que su esposa estaba hambrienta de amor, cambiaría toda la ropa y vacaciones del mundo porque él le brindara un poco de ternura.

Sin querer, un esposo puede perder por completo una de las necesidades más importantes de la esposa: sentirse querida. Esta es una necesidad que muy a menudo los esposos obvian porque nosotros no sentimos esa necesidad tan profundamente como las mujeres. Pero esto no descuenta su validez. Su esposa necesita sentirse querida. Ella necesita saber que es la número uno en su vida. Si se diera el caso de escoger entre una noche con sus amigos o una noche con su esposa, ella necesita saber que usted la escogería a ella, no como una obligación, sino porque así usted lo prefiere.

Una vez le pregunté a mi pastor, Tharon Daniels, cómo él le hacía sentir a Bárbara, su esposa, que la quería. «Hace años yo tomé la decisión de dejar el golf. Parece tonto», dijo él, «pero el golf me estaba consumiendo todo mi día libre. El golf se estaba llevando mi tiempo de valor para estar con Bárbara, y ella es más importante para mí que el golf». Él siguió contándome que su decisión no era igual para todos, pero este fue su intento de hacer que su esposa se sintiera querida. Y funcionó.

¿Qué puede usted hacer para que su esposa se sienta querida? Considere cuán a menudo usted dice: «Te amo». Algunos hombres no sienten la necesidad de decir estas palabras, pero todas las esposas tienen una necesidad insaciable de oír esto. Su esposa también necesita evidencias de que usted está pensando en ella durante el día. Un pequeño regalo o una llamada rápida por teléfono para decir: «Estoy pensando en ti», puede ser de mucha importancia para ella.

Hace poco me recordaron lo mucho que significaba para Leslie que yo le mandara una tarjeta o nota. En el trabajo me senté en su buró para usar su teléfono y en su tablilla de anuncios noté una tarjeta hecha a mano que yo le di hacía más de cinco años.

Como hombre, es probable que usted no tenga idea del efecto que causa en su esposa ser gentil y tierno, haciéndola sentir que la quieren. Mike, sin embargo, aprendió los increíbles resultados de satisfacer la necesidad que tenía su esposa de sentirse querida. Se le había hecho tarde para ir al trabajo cuando Brenda le dijo que iba a tener un día extremadamente tenso. Estaba casi afuera de la casa cuando recordó lo que yo dije en una conferencia reciente acerca de la necesidad que las esposas tienen de sentirse querida. Mike soltó su maletín y preparó una taza de café para Brenda. «¿Qué estás haciendo?», le preguntó Brenda. «Vas a llegar tarde al trabajo». El pensamiento le retumbó en la cabeza, *¡Ella tiene razón!* Pero entonces Mike dijo algo que no podría ser mejor para satisfacer la necesidad de que su esposa se sintiera querida: «Tú eres más importante que el trabajo». Mientras hablaron durante un momento, Mike le apretó una mano a Brenda y le dijo: «Hoy estaré pensando en ti». Brenda se sintió abrumada de amor por su esposo. Y Mike estaba tan sorprendido por la sincera gratitud de ella que esa mañana me llamó a la oficina para darme las gracias.

¿Significa que para que su esposa se sienta querida usted tiene que sacrificar los juegos de golf, el éxito en el trabajo, o salir una noche con los amigos? Créalo o no, la respuesta es no. Cuando su esposa está satisfecha sabiendo que ella ocupa el primer lugar en el mundo suyo, cuando ella sepa que para usted es lo más importante en el mundo, lo entusiasmará para que haga las cosas que usted disfruta. Es parte del misterio del matrimonio: Cuando una mujer se siente verdadera y genuinamente querida, se siente libre para animar la independencia de su esposo.

Antes de que Doug aprendiera a dejarle saber a Lisa que era querida, ella se quejaba por los viajes de él a pescar. De hecho, Lisa quería separarse porque «pararse al lado de un lago era más importante para Doug que yo». Pero una vez que Doug genuinamente le dio a Lisa el primer lugar, una vez que él comenzó a expresar una verdadera ternura, Lisa placenteramente lo sorprendió: «Si quieres, te cubriré en la próxima reunión del jueves para que puedas irte temprano a tu viaje de pesca». Lisa hizo esta oferta porque ahora ella se sentía segura en su posición de importancia.

«Amar y cuidar» es más que una frase de sus votos matrimoniales. Es una de las necesidades más importantes que su esposa tendrá. Si la satisface, estará seguro de formar una relación que le traerá placer a ambos.

ELLA NECESITA QUE LA COMPRENDAN

«¡No me estás escuchando!». La declaración de Leslie me sacudió cuando yo estaba casi dormido y escuchaba a medias lo que ella me estaba diciendo desde la cocina. Asomó la cabeza por una esquina y me vio estirándome en el reclinable donde descansaba. «Te he volcado mi corazón durante los quince minutos pasados, y todo lo que has hecho es sentarte ahí y darme un consejo».

Sí, pensé. *¿Qué hay de malo en eso?*

«No necesito consejos», continuó ella. «¡Lo que necesito es que me comprendan!».

La entendí. Escuché todo lo que me dijo acerca del día difícil que tuvo en el trabajo y hasta le ofrecí algunas sugerencias para ayudarla a actuar mejor. Pero eso no era lo que necesitaba. Para una mujer, ser comprendida significa valorar lo que ella siente y aceptarlo.

Esto no es tan fácil como parece. Soy psicólogo. A menudo me paso todo el día haciendo precisamente eso con mis clientes. Sé cómo simpatizar con el dolor de una persona, sentir lo que siente y comunicar mi comprensión. Pero cuando se trata de mi matrimonio, algo me hace querer resolver los problemas de Leslie en lugar de comprenderlos. Ella me cuenta algo y pasivamente yo la escucho hasta que he oído lo suficiente y entonces, como si dijera «estoy listo para pasar a otra cosa», le ofrezco un consejo. Le doy una conferencia en lugar de escucharla. Con frecuencia, hasta el día de hoy, me lleva cada onza de auto control que pueda reunir para morder mi lengua y realmente escucharla.

Por lo menos no soy el único. Considere este hecho: Los hombres dicen tres veces tantas palabras en público como dicen en privado, mientras que las mujeres dicen tres veces tantas palabras en privado como dicen en público.[5] A las mujeres les gusta emparejar las experiencias, sacar lo personal de la una a la otra y sostener un intercambio en la conversación. Pero cuando se trata de conversar con sus esposos, muchas mujeres creen lo que una esposa me dijo: «Hablar con mi esposo es como jugar tenis sin una persona al otro lado de la cancha».

Para satisfacer la necesidad importante de su esposa, usted necesita escuchar con atención, devolverle lo que está diciendo y sintiendo, y sinceramente querer comprenderla. Este punto hay que recalcarlo al máximo: *Las mujeres necesitan que le valoren lo que sienten y se lo acepten*. Necesitan que usted vea y experimente el mundo igual que ellas, en lugar de uno poderles explicar por qué no deben verlo de esa manera.

Los hombres tienen dificultad en reconocer que brindar un oído que escuche es todo lo que a veces necesitan las mujeres, o un abrazo de consuelo, una oración cariñosa como: «¿Estás dolida, verdad?» ó «¿Tienes mucha presión, verdad?». Escuchar a su esposa hablar sin brindarle una rápida solución es la única manera de satisfacer su necesidad de ser comprendida.

ELLA NECESITA QUE LA RESPETEN

Por lo general, los hombres están muy ajenos a lo mucho que las mujeres necesitan que las respeten. ¿Por qué? Porque cuando no se respeta a los hombres, ellos tienen una reacción muy diferente. Un hombre que no se siente respetado, por ejemplo, es propenso a sentirse justificado e indignado. Si no lo respetan, hasta llega a creer que merece más respeto. Tal vez dé menos hasta obtener lo que considera que merece. Las mujeres operan de manera diferente, cuando no las respetan se sienten inseguras y pierden el sentido de su persona. Por eso es tan importante para usted tener un cuidado tan especial respecto a la necesidad de respetar a su cónyuge.

Hay varias maneras de mostrar respeto a su esposa. Para empezar, no trate de cambiarla o manipularla, por el contrario, honre sus necesidades, deseos, valores y derechos. Conozco a una mujer que, debido a su crianza, valoraba la tradición de que su esposo le abriera la puerta. Ella sabe que la costumbre está un poco fuera de moda,

> *Lo que quieren las mujeres:* Que las quieran, que las escuchen, que las deseen, que las respeten, que las necesiten, que confíen en ellas, y a veces, que las abracen.
>
> *Lo que quieren los hombres:* Entradas para la Serie Mundial.
>
> **Dave Barry**

pero para ella es importante y le pide a su esposo que le abra la puerta.

Su esposo nunca tomó en serio esta petición. «Estás bromeando, ¿verdad?», dijo él. «Ya nadie hace eso. Es por eso que tenemos seguros automáticos en el auto». Al reírse de la petición de su esposa, el esposo debilitó su oportunidad de satisfacer una de las necesidades más profundas de la esposa, ser respetada.

Respetar a su esposa también significa incluirla en las decisiones. Siempre me sorprende encontrar a un esposo que ejerce todo el poder en un matrimonio y hace todas las decisiones, sin considerar lo que piense su esposa. He conocido hombres que toman decisiones acerca de trasladarse a otra parte del país por causa de un nuevo trabajo sin siquiera consultarle a sus esposas. No conozco una manera más rápida de destruir la personalidad de una mujer y arruinar la posibilidad de un matrimonio feliz. Desarrolle el amor propio de su esposa y el sentido de seguridad preguntándole su opinión cada vez que pueda hasta en las pequeñas cosas. Cada vez que tome una decisión que la pueda afectar, diga: «Estoy pensando en… ¿Qué tú crees?» o «Creo que debíamos… ¿Te gustaría?».

Respetar a su esposa significa apoyarla en la realización de sus sueños y aspiraciones. Tengo un amigo, Rich Jones, un hombre de negocios en Chicago. Hace algunos años Laura, su esposa, se propuso tener una carrera de reportera de noticias. Después de estudiar en la Universidad Northwestern, Laura consiguió su primer trabajo de reportera en un pequeño periódico en los suburbios de donde vivían. Un par de años más tarde, a Laura le ofrecieron otro trabajo de reportera de televisión en otro estado. En ese momento, Rich supo que él estaba en una encrucijada. Él había prometido respetar los sueños de Laura, pero nunca se imaginó que esto significaría ¡mudarse! Bueno, Rich pudo haberse quejado en cuanto a las aspiraciones de Laura. Después de todo, él también tenía una vida profesional. Pero Rich cumplió con su palabra y continuó respetando los sueños de su esposa, y ella hizo lo mismo por él. Hoy permanecen felizmente casados en Chicago, donde Laura es la periodista principal que da las noticias en una de las cadenas de TV.

El respeto dice: «Yo te apoyo, tú vales mucho para mí y no tienes que ser diferente». A cambio de este respeto una mujer será capaz de relajarse. No tendrá una necesidad compulsiva de probar que es una igual, sino que automáticamente se sentirá y será igual. Qué manera tan maravillosa de vivir con una mujer.

LO QUE TODA ESPOSA DEBE SABER ACERCA DE SU ESPOSO

Nadie juega un papel tan importante para satisfacer las necesidades únicas de un hombre como su esposa. Las investigaciones han identificado sus necesidades, pero solo las esposas pueden satisfacerlas verdaderamente. Algunas de las necesidades más básicas del esposo en el matrimonio son: (1) sentirse admirado, (2) tener autonomía y (3) disfrutar el compartir las actividades.

ÉL NECESITA SENTIRSE ADMIRADO

«Ay, Scott, esto se ve magnífico. Hiciste un trabajo maravilloso». Kari levantó sus ojos con entusiasmo mientras revisaba las macetas que su esposo acababa de hacerle para su terraza. «Realmente tú tienes talento».

«Disfruté hacerla», dijo Scott, «pero no es nada especial».

«Cariño, tú te subestimas. Lo haces muy bien».

Scott no lo demostró, pero estaba saboreando las alabanzas de su esposa. Se sentía de maravillas. Nadie podía hacerlo sentir tan admirado y apreciado como Kari. Y Kari lo sabía. Ella aprovechó esta necesidad primaria masculina y con gusto llenó cada oportunidad que se le presentaba. La admiración de Kari era genuina, nunca le faltaba sinceridad ni era excesiva. Ella era la mejor fanática de Scott, y su matrimonio se benefició de maneras incalculables gracias a su admiración vocal.

Ser apreciado es una necesidad primaria del hombre. Él mide su valor mediante los logros, grandes y pequeños, y necesita que se los reconozcan. La necesidad que una mujer tiene de que la admiren y aprecien, aunque es importante, raramente es tan fuerte. Cuando una mujer busca aprecio, lo que más quiere exactamente es comprensión, que la valoren. Mire, hay una diferencia significativa entre hombres y mujeres en lo que se refiere a ser admirado. Los hombres derivan gran parte de su valía de lo que *hacen*, mientras que las mujeres lo derivan de lo que *son*.

Véalo de esta forma. Cuando las mujeres no reciben admiración de sus esposos, tienen la tendencia a estar más motivadas que nunca para ganárselo. Pero cuando un hombre no recibe admiración de su esposa, él comienza a perder la motivación para intentar conseguirla. Sin el sentimiento de ser admirado, la energía de un hombre se drena. Pronto se siente inadecuado e incapaz de dar apoyo. Sin admiración, los hombres pierden su disposición de dar apoyo.

Usted no tiene idea de lo dañina que es una crítica para el poder personal de un hombre. Al no ser admirado, él reacciona igual que usted cuando él invalida sus sentimientos. Es desmoralizador.

Aconsejé a una mujer que se confundió cuando, después de criticar a su esposo, él no procuró tener más empeño en ganar el aprecio de ella. Ella, erróneamente, asumió que lo podría manipular para que él diera más dejándolo de apreciar. Pero eso nunca funciona con un hombre. La admiración es el combustible que necesita un hombre para seguir adelante. Le da poder.

Ahora bien, antes de comenzar a amontonar palabras de alabanza para su esposo, necesito darle una palabra de advertencia. Nunca finja su admiración. Usted puede hacer más daño que bien si sencillamente solo dice palabras halagadoras a su esposo. Para que tenga algún valor, la alabanza debe reflejar genuinamente sus sentimientos.[6]

ÉL NECESITA TENER AUTONOMÍA

Durante nuestro primer año de matrimonio, recuerdo entrar de repente en el estudio de Les para dejarle saber que yo estaba en la casa. Él estaba comenzando un programa agotador del doctorado, y yo acababa de comenzar un trabajo nuevo. «¿Cómo te va?», le pregunté mientras me escurrí hasta su asiento y lo rodeé con mis brazos por el cuello.

Él se sentó casi inmóvil, tomando notas en un cuaderno de papel amarillo. Así que volví a decirle: «¿Te fue bien hoy?».

Esta vez oí un débil sonido. «Mm-hmm», murmuró.

«No creerías todo lo que me sucedió hoy», comencé a decir. Les me interrumpió: «Dame solo un minuto aquí, ¿está bien?».

Salí de la habitación sintiéndome terriblemente rechazada. «¿Por qué no recibió con agrado mis atenciones?», pensé. «Si él me hubiera recibido de esa manera, yo hubiera dejado a un lado cualquier cosa que estuviera haciendo».

Solo más tarde en nuestro matrimonio, reconocí lo que realmente estaba sucediendo. Los hombres y las mujeres enfrentan las tensiones de manera muy diferente. De acuerdo a John Gray, autor de *Los hombres son de Marte, las mujeres de Venus*, cuando los hombres encaran tensiones: «se concentran en sí mismos y se apartan cada vez más mientras que las mujeres se sienten cada vez más abrumadas e involucradas emocionalmente. En esos momentos, la necesidad de sentirse bien de un hombre es diferente de la de una mujer. Él se siente mejor resolviendo los problemas mientras que ella se siente mejor hablando de ellos».[7]

Una vez que entendí esta distinción, me fue posible satisfacer una de las necesidades primarias de Les: sentirse autónomo. Esta es una necesidad universal masculina. Cada vez que un hombre siente tensión (se acerca un plazo importante, en el trabajo tiene mucha presión, etc.), él requiere un poco de espacio. Durante ese tiempo su mente está ausente, no responde, está absorto y preocupado. Al contrario de las mujeres, los hombres típicamente no quieren hablar acerca de la situación, no quieren que lo abracen ni lo consuelen, hasta pasar un tiempo solos.

La experiencia me ha enseñado que si demasiado temprano trato de sacar a Les de su problema, solo obtengo una parte pequeña de su atención mientras él continúa reflexionando en lo que realmente está en su mente. Es como si temporalmente estuviera incapacitado de atenderme como yo quiero hasta que él tenga un momento para ajustar su agenda. Ahora sé lo suficiente para decir: «¿Es este un momento oportuno para interrumpirte?» y él puede decir: «Necesito otros cinco minutos» o «Realmente prefiero ver primero las noticias para desconectarme».

Como ve, parte de la necesidad de autonomía es la necesidad del hombre de tener tiempo para reagruparse. Algunas esposas se quejan porque sus esposos no le cuentan, inmediatamente después de llegar, cómo les fue en el trabajo. Primero prefieren leer el periódico o regar las matas, cualquier cosa que los ayude a aclarar la mente antes de participar en la relación. Es algo de los hombres. Pero darle espacio a su esposo cuando él así lo necesita, lo entienda usted o no, le dará por resultado un esposo más feliz.

Esta idea de darle autonomía a mi esposo fue una lección difícil de aprender. Instintivamente yo quería apoyarlo de la misma manera que yo quería que él me apoyara. De haber estado en su lugar, por ejemplo, me habría gustado que me hiciera muchas preguntas acerca de cómo yo me sentía. Habría querido que me abrazara y me mimara. Pero así somos las mujeres, no los hombres.

ÉL NECESITA COMPARTIR LAS ACTIVIDADES

Era un día frío de otoño cuando Tom invitó a Kelly a ir a un juego de fútbol americano con Kansas City Chiefs. «¡Me parece fantástico! ¿A qué hora?», dijo Kelly.

Se pusieron de acuerdo, y Tom sonrió después de colgar el teléfono. Esta sería su tercera salida en las últimas cuatro semanas, y a él le satisfacía mucho que ella estuviera tan deseosa de ir al juego de fútbol.

Tom y Kelly pasaron muy buen tiempo en el juego y volvieron a varios otros juegos durante esa misma temporada. Ellos también buscaban autos aunque ninguno de los dos lo necesitara. Tom simplemente disfrutaba estudiar los últimos modelos, y Kelly también parecía disfrutar esto. Su relación se iba formalizando, y Tom se sentía muy afortunado de haber encontrado a una mujer que disfrutaba las mismas cosas que él.

A mediados del invierno ya Tom estaba seguro de que Kelly era la mujer para él. Se casaron esa primavera y ambos estaban en un éxtasis. Pero algo cambió durante su primer año de matrimonio, el interés de Kelly por el fútbol disminuyó. Los lunes por la noche Ella y Tom a veces veían los juegos, pero ella nunca se entusiasmó mucho por asistir a uno. Y si Tom sugería ir al próximo show de automóviles, Kelly se excusaba.

«Yo creía que a ti te gustaba ver los autos», se quejó Tom.

«Claro que sí, cariño, pero yo no lo disfruto tanto como tú», dijo Kelly.

Esto fue una sorpresa para Tom. Al siguiente año, Tom descubrió que las cosas que a él le gustaban hacer y las cosas que a Kelly le gustaban hacer tenían poco en común. Gradualmente llegaron al punto en el que raramente hacían algo juntos excepto salir a comer a veces. Tom habría preferido pasar más tiempo de «diversiones» con Kelly, pero ella parecía contentarse dejándolo hacer sus cosas. Dolido y desconcertado, a menudo Tom se preguntaba por qué su esposa no quería estar con él.

Uno de los grandes vacíos entre esposos y esposas consiste en sus nociones de intimidad emocional. Si usted es como la mayoría de las mujeres, la intimidad significa compartir los secretos, hablar sobre las cosas, acurrucarse y estas cosas. Pero un hombre forma su intimidad de manera diferente. Él las relaciona con *hacer* cosas juntos (recuerde, los hombres se enfocan en los logros). Trabajar en el jardín o ir al cine con la esposa le da a él un sentimiento de cercanía.

Los esposos le dan una importancia sorprendente a tener a sus esposas como compañeras de recreación. La caricatura comercial de los hombres en medio de la selva, con una cerveza fría en la mano, diciendo:

> Excepto si usted aprende a tocar un dúo en la misma clave y al mismo ritmo, un proceso lento de desacoplamiento abrirá una brecha entre ustedes, primero secretamente, psicológicamente y luego abierta y miserablemente.
>
> **Walter Wangerin, Hijo**

«No podría ser mejor», es falso. Puede llegar a ser mucho mejor que eso cuando una esposa acompaña a su esposo en una actividad que ambos disfruten.

Hace poco Les llegó a la casa después de dar unas charlas en Lake Tahoe. Antes de irse estaba entusiasmado porque iba a volar un día antes y así podría esquiar en su tiempo libre. Yo estaba muy contenta. A él le encanta esquiar rápido y cuando vamos juntos yo siempre siento que le obstaculizo haciéndolo ir más despacio. Sin embargo, cuando regresó de ese viaje me quedé pasmada con su informe: «Bueno, la nieve estaba ideal y el clima estaba perfecto, pero no hay comparación a esquiar contigo». ¡Vaya! Yo había pasado todo este tiempo creyendo ser un impedimento y resulta que realmente él no lo disfruta sin mí.

Ahora bien, yo aconsejo a suficientes mujeres como para saber que tal vez usted esté diciendo: «¿Qué hacer si sus actividades tienen poco en común?». La respuesta: Cultive su esfera de intereses. No permita que usted y su cónyuge se aparten por no encontrar algo que puedan disfrutar juntos. He visto muchos matrimonios que se apagaron porque una esposa no usó sus energías creativas para lograr momentos de diversiones y descanso que pudieran disfrutar con sus esposos. Haga una lista cuidadosa de los intereses recreativos que su esposo disfrute. Aquí hay algunos para ayudarla a comenzar: una colección de antigüedades, cualquiera y todos los deportes, salir de camping, navegar en una canoa, juegos de mesa, rompecabezas, cocinar, bailar, caminar por el campo, montar a caballo, jogging, ir al cine, patinar en el hielo, salir en un barco de vela, escuchar música, nadar, viajar, caminar, trabajar en carpintería, etc. Su lista debe ser tan larga como sea posible. Próximo: haga un círculo alrededor de las actividades que usted considere algo placenteras. Es probable que encuentre media docena de buenas actividades que puede disfrutar con su esposo. Su próxima tarea es programar estas actividades durante el tiempo de recreación que pasan juntos.

Si usted aprende a satisfacer las necesidades de su esposo para la compañía recreativa, descubrirá que no son solo esposo y esposa, sino también los amigos mejores.

PARA REFLEXIONAR

1. ¿Qué diferencias de géneros puede identificar sin pensar mucho?

2. Cuando se refiere a las diferencias de los géneros, hoy la mayoría de los expertos dicen que lo principal es no eliminarlas, sino celebrarlas. ¿Por qué?

3. ¿Está de acuerdo en que, hablando de manera simplista, la diferencia fundamental entre los sexos es que los hombres se enfocan principalmente en los logros y las mujeres en las relaciones? ¿Qué ejemplos puede recordar que apoyen su opinión?

4. Los esposos, en una gran mayoría, no comprenden lo importante que es la intimidad emocional para sus esposas. Los esposos dicen: «Quiero hacer cosas con ella, y todo lo que ella quiere es hablar». ¿De quién es este problema? ¿Del esposo, de la esposa o de ambos? ¿Cómo se relaciona esta mala interpretación con las diferencias de los géneros?

¿SABE CÓMO PELEAR UNA BUENA PELEA?

El curso del verdadero amor nunca corre suave.
SHAKESPEARE

—¡Yo también tengo un cerebro, ¿lo sabías?! —grité.

—Estoy tratando de ayudarte, si me lo permites —replicó Les. Nuestras voces parecían hacer eco por toda la ciudad de San Francisco, en donde estábamos en un viaje de fin de semana con nuestros amigos, Randy y Pam. Estábamos procurando subir a un tranvía cuando se originó uno de los conflictos más explosivos que hayamos tenido.

Era nuestro tercer intento de saltar a un tranvía lleno de gente mientras alcanzaba la cima de una loma. Les, agarrándome por un brazo, primero dio un salto para asegurar su posición, pero yo, ahora por tercera vez, me arrepentí en el último momento.

—¡Esto es una locura! —grité.

—Solo confía en mí, sé lo que estoy haciendo —me instó Les.

La tensión era palpable. Randy y Pam, parados quietos, observaron la discusión desde su comienzo. Al final, con pena, cruzaron la calle para escapar de nuestra gritería.

—¿Por qué no confías en mí? —demandó Les.

A medida que todo el grupo de pasajeros en el tranvía en movimiento sacó las cabezas para ver esta pelea marital, yo brindé una respuesta que desde entonces se ha convertido en infame en nuestro hogar: «Yo confío en Dios para mi seguridad, ¡pero no puedo confiar en ti!».

Parece ser que en público es que tenemos nuestras más grandes discusiones. En otra ocasión se nos hizo tarde para un retiro de matrimonios un fin de semana, y *nosotros* éramos los oradores. Leslie todavía estaba en su oficina reuniendo algunos materiales de último minuto, y yo estaba impaciente esperando en el auto.

«Está bien, Parrott, no pierdas los estribos», me dije a mí mismo. «Ella saldrá en cualquier momento, relájate y no te pongas bravo con ella». Cinco minutos se convirtieron en quince. «Aquí viene ahora, así que muérdete la lengua».

Llovíznaba un poco cuando Leslie subió al auto, pero al tratar de cerrar la puerta se le rodaron todas las notas y los cientos de papeles que traía en las manos para entregar a los participantes. Algunos de los papeles fueron a dar a un charco y la mayoría se esparcieron por la calle mojada.

No me pude contener.

—Eso es —dije severamente—. ¡No lo puedo creer! ¿Y ahora qué vamos a hacer? ¿No podías ver que…

—Tú fuiste quien quiso hacer este retiro —interrumpió Leslie.

—Ah, no me digas eso. Tú…

> El matrimonio es una larga conversación, accidentada por las disputas.
>
> **Robert Louis Stevenson**

Mi voz, que iba subiendo el tono, de repente se detuvo mientras procuré tragarme la oración. La puerta del carro estaba abierta y meciéndose y los papeles volaban por dondequiera. De repente me di cuenta que varios de nuestros colegas iban pasando y estaban escuchando nuestros comentarios despectivos. Mantenían su mirada al frente, pretendiendo no notar la pelea entre los «expertos en matrimonio», pero no se podía negar que los Parrotts estaban peleando.

¿Sabe cómo pelear una buena pelea?

Como dijimos antes, tenemos la habilidad de tener en público nuestras «mejores» peleas.

Las malas interpretaciones son parte natural del matrimonio. No importa lo profundamente que un hombre y una mujer se amen, al fin y al cabo tendrán conflictos. Es simplemente falto de realidad esperar que ambas personas siempre quieran la misma cosa al mismo tiempo. El conflicto en el matrimonio es inevitable.

Si todavía no se ha casado, tal vez esto no tenga mucho sentido para usted. Pero lo tendrá. Treinta y siete por ciento de los recién casados admiten ser más críticos de sus cónyuges después de casados. Y treinta por ciento informa un aumento en las discusiones.[1] Parejas estresadas, con carreras separadas, hoy tienen más que negociar que nunca antes, y el potencial para un conflicto está en cada esquina. Pero para las parejas que saben cómo resolverlo, los conflictos realmente pueden conducirlos a un sentido más profundo de intimidad. El truco es saber *cómo* discutir.

Vamos a dejar esto perfectamente claro: *Saber cómo pelear limpio es crítico para sobrevivir como una pareja feliz.* El amor solo no es suficiente para sostener una relación en la jungla de la vida moderna. Estar enamorado es, en efecto, un indicador muy pobre de que las parejas permanezcan casadas. Para sobrevivir un matrimonio es mucho más importante, según muestran las investigaciones, cómo las parejas manejen los desacuerdos.[2] Muchas parejas no saben cómo manejar los conflictos. Algunos confunden la calma y la quietud con la armonía matrimonial y se esfuerzan en suavizar las diferencias sin realmente resolverlas. Otros, luego de ver a sus padres explotar uno al otro, aprenden las formas equivocadas de pelear, y sus discusiones con rapidez degeneran en insultos y abusos.

En este capítulo les mostraremos cómo pelear con parcialidad y reducir su cociente de pleito tóxico. Comenzaremos nuestro «entrenamiento de combate» explorando los asuntos comunes que enredan a las parejas. Luego destacaremos el cuarto estilo de conflicto letal del cual debe mantenerse lejos. Seguido a esto, les diremos por qué pelear puede ser bueno para su matrimonio y por último le daremos las «reglas» para pelear una buena pelea.

Ejercicio 18:
Identificar sus tópicos candentes

Saber cuáles son los temas conflictivos lo ayudarán a usted y a su cónyuge a cuidarse, especialmente cuando tratan estos asuntos. Muchas parejas sienten que están siempre caminando en un campo minado, sin nunca saber exactamente lo que hará que su cónyuge estalle. En el cuaderno*, el ejercicio *Identificar sus tópicos candentes* lo ayudará a usted y a su cónyuge a identificar los puntos problemáticos potenciales para lidiar con las discusiones más eficientemente.

ACERCA DE QUÉ PELEAN LAS PAREJAS

Así que, ¿cuáles son los asuntos espinosos que causan que las parejas batallen entre ellos? ¿Dinero? ¿Sexo? ¿Los suegros? No siempre.

Por lo general, la mayoría de los matrimonios no necesita mucho para que surja una pelea. Son los problemas menores, casi embarazosos, los que motivan las peleas.

Luego de tres días de sus vacaciones en la Florida, Mike y Becky estaban listos para empacar y regresar a su casa. En lugar de relajarse y disfrutar la compañía mutua, se pasaron todo el tiempo peleando: a él se le llenó de arena el pomo de protector del sol, ella quería sentarse en la playa y él quería quedarse por la piscina, esa noche ella se demoró demasiado arreglándose para salir. Una semana más tarde, cuando Mike y Becky llegaron a la casa, estuvieron de acuerdo en que las vacaciones habían sido un completo desastre. ¿Por qué? ¿Porque discutieron acerca de temas hondamente sentidos? No. Simplemente riñeron acerca de cosas que realmente no tenían importancia.

Sin embargo, el hecho de que la mayoría de los conflictos surjan por cosas de relativamente menor importancia no disminuye los mayores. Parece que la luz roja de alerta es universal y suena en todos los matrimonios cuando surgen ciertos tópicos. Tanto las parejas felices como las infelices se esfuerzan por los mismos tópicos (aunque las luchas difieren mucho en intensidad y frecuencia).[3]

Si se trata de la lista de los «asuntos grandes» las investigaciones muestran que el dinero está por encima de los demás tópicos como el área número uno del conflicto entre las parejas casadas.[4] Las parejas constantemente encaran las decisiones financieras que les hace preguntarse: «¿De quién es este dinero?». Lo sorprendente para muchas parejas es que ese pleito por el dinero no lo motiva el hecho de cuánto dinero tienen o no tienen. No importa las entradas que tengan, las parejas pelean acerca del dinero. Algunas parejas discuten en cuanto a si van a ir a Barbados o a Europa para las vacaciones, otras parejas pelean en cuanto a si tienen o no dinero para salir de vacaciones.

Las entradas grandes pueden disminuir la tensión, pero no detienen la pelea. La mayoría de las parejas, no importa cuánto sean sus ganancias, tienen conflictos en cuanto al estilo de gastar o guardar dinero. Uno será el que gasta mucho, el otro será el que cuenta los centavos. Hablar con sinceridad acerca de los asuntos del dinero es probablemente el problema más difícil que usted y su cónyuge tengan que resolver.[5] En efecto, una encuesta reciente de más de mil adultos casados encontró que treinta y dos por ciento de ellos dijeron que el dinero era el tema más importante del cual las *parejas* debían hablar incluso antes de casarse.[6] Es por eso que hemos dedicado un ejercicio especial en el cuaderno de ejercicios: para ayudarlo a ser muy práctico en cuanto a establecer un presupuesto, ahorrar juntos, pagar las cuentas, explorar estilos de gastos y todos esos otros asuntos relacionados a las finanzas.

Ejercicio 19:
El dinero habla y nosotros también

«El dinero es lo opuesto al estado del tiempo», dijo alguien. «Nadie habla de esto, pero todos hacen algo acerca del mismo». Este ejercicio* no solo asegura que ustedes puedan hablar juntos del dinero, sino que asegurará que la manera de manejar el dinero como pareja sea sabio y de provecho.

LO QUE LAS PAREJAS INFELICES HACEN MAL

Es sábado por la mañana en Seattle. Dos recién casados están terminando su café en Starbucks mientras en un reproductor de CD de último modelo se escucha el Concierto de *Brandenburgo* n°. 4 de Bach. El día está sorprendentemente soleado y les parece difícil concentrarse en leer el periódico cuando pudieran estar mirando a través de las ventanas los botes de recreo que se deslizan por el lago Washington.

Pero hay algo diferente en cuanto a esta escena idílica. Debajo de la ropa casual de la pareja hay monitores pegados a su piel, grabando los latidos del corazón. Un aparato diferente mide el sudor. Tres cámaras colgando de la pared están grabando en una cinta vídeo cada uno de sus movimientos, la expresión facial y la conversación y los observan personas escondidas detrás de una ventana-espejo. Mañana tendrán que sacarse muestras de sangre para otros análisis.

Este no es un apartamento a la orilla de un lago sino un laboratorio de psicología de la Universidad de Washington, y estos recién casados son casos en un estudio que dirige el doctor John Gottman. El doctor Gottman y su equipo de investigadores, usando equipos de alta tecnología, están estudiando los matrimonios de más de veinte años para identificar cuáles mejorarán y cuáles se deteriorarán. Ahora son capaces de predecir los resultados con un asombroso noventa y cinco por ciento de exactitud.

El doctor Gottman puede ver y grabar un fracaso matrimonial observando cómo ellos manejan los conflictos. Cuando aparecen cuatro presagios malos en su conflicto, lo que él llama «Los cuatro jinetes del Apocalipsis», el peligro es inminente, cada uno de los jinetes que llega está pavimentando el camino del próximo. Estas cuatro maneras desastrosas de interactuar sabotearán sus intentos de resolver el conflicto constructivamente. En orden de los menos hasta los más peligrosos, estos son: (1) la crítica, (2) el desprecio, (3) estar a la defensiva y (4) negarse a contestar.[7]

CRÍTICA

«Yo compré un VCR que me costó unos 200 dólares en unas rebajas. Molly le dio una mirada y explotó». Steve nos estaba contando un pleito reciente y Molly, su esposa, nos estaba diciendo cómo ella se quejaba una y otra vez acerca de los gastos que Steve acostumbraba hacer. Ambos acordaron ser económicos, pero tenían nociones diferentes de lo que significa la frugalidad. Por ejemplo, Steve no siempre apagaba las luces al salir de una habitación mientras que Molly pasaba horas recortando cupones para el próximo viaje a la tienda de víveres. Cuando Steve no alcanzó las normas de Molly, ella se quejó.

¿Se justificaban las quejas de Molly? Creemos que sí. No porque ella tuviera la razón, sino porque tenía el derecho de quejarse. La queja es una actividad saludable en el matrimonio. Ventilar una queja —aunque rara vez sea algo placentero— hace que a largo plazo el matrimonio se fortalezca más que si suprimieran las quejas.

> El conflicto produce el fuego de los afectos y emociones, y como todo fuego, también este tiene dos aspectos: el de la combustión y el de la producción de luz.
>
> **Carl Jung**

Pero Molly, sin darse cuenta, cruzó un límite peligroso. A medida que pasó el tiempo, ella descubrió que sus comentarios no cambiaron las costumbres que Steve tenía de gastar dinero. Entonces fue que ocurrió algo potencialmente peligroso en el matrimonio: en lugar de quejarse acerca de su *actos*, ella comenzó a *criticarlo*. «Tú no pones de tu parte. Haces lo que quieres hacer y cuando lo quieres hacer. Es como vivir con un niño grande».

No parece haber mucha diferencia entre la queja y la crítica, pero sí la hay. La crítica involucra atacar la personalidad de alguien en lugar de su conducta. Como regla general, la crítica implica culpar, hacer un ataque personal o una acusación, mientras que la queja es un comentario negativo acerca de algo que usted desea que sea de otra manera. Las quejas casi siempre comienzan con la palabra *yo*, mientras que la crítica comienza con *tú*. Por ejemplo, «Yo quisiera salir más de lo que salimos», es una queja. «Tú nunca me sacas a ninguna parte», es una crítica. La crítica está a un paso de la queja, y tal vez sea algo como buscarle las tres patas al gato, pero recibir la crítica realmente lo hace sentir a uno mucho peor que recibir una queja.

DESPRECIO

Cuando llegó su primer aniversario, Steve y Molly todavía no habían resuelto sus diferencias financieras. Al calor de una discusión particularmente mala, Molly se vio gritando: «¿Por qué siempre eres tan irresponsable? ¡Eres tan egoísta!».

Hastiado, Steve replicó: «Déjame en paz. Estás tan tensa que chillas cuando caminas. No sé cómo me casé contigo». Entró en escena el segundo mal presagio: despreciar.

El desprecio envenenará una relación, ya sea que la pareja lleve junta cuatro meses o cuarenta años. Lo que distingue el desprecio y la crítica, de acuerdo a Gottman, «es la *intención de insultar* y el *abuso psicológico* a su pareja». Debiera haber una ley en contra del desprecio porque va directo al corazón de una persona y termina desestabilizando la relación y causando dolor. Cuando aparece el desprecio, sobrecoge al matrimonio y opaca todo sentimiento positivo que los cónyuges sientan el uno por el otro. Algunas de las expresiones más comunes del desprecio son los insultos, usar un humor hostil y la burla. Y una vez que entren en el hogar, el matrimonio va de mal en peor.

ESTAR A LA DEFENSIVA

Una vez que Steve y Molly comenzaron a despreciarse, entró al cuadro ponerse a la defensiva y las cosas fueron peor. Ambos se sintieron víctimas del otro y ninguno deseaba hacerse responsable de arreglar las cosas. ¿Quién puede culparlos? Si a uno lo bombardean con insultos, la inclinación natural es defenderse: «No es mi culpa. *Tú* debías pagar esta cuenta, no yo». Una de las razones de ponerse a la defensiva es tan destructiva que se convierte en un reflejo. La «víctima» reacciona instintivamente, no ve nada malo en estar a la defensiva, pero la defensiva tiende a intensificar un conflicto en lugar de resolverlo. Cada vez que Steve o Molly se sienten completamente justos en su postura, cada vez que se excusan y niegan la responsabilidad, agregan más miseria a su matrimonio.

NEGARSE A CONTESTAR

Steve y Molly ya estaban casi en el límite. Exhausto y abrumado por los ataques de Molly, al fin Steve dejó de responder, ni siquiera para defenderse, a las acusaciones. «Nunca contestas», le gritaba Molly. «Solo te sientas ahí. Es como hablarle a una pared de ladrillo». Por lo general, Steve no reaccionaba. En algunas ocasiones se encogía de hombros, como diciendo: «No adelanto nada contigo, entonces para qué intentarlo».

La mayoría de los que se niegan a contestar (casi un ochenta y cinco por ciento de ellos) son los hombres. Al sentirse abrumados por las emociones, comienzan a encerrarse en sí mismos y reaccionan negándose a contestar. Procuran mantener sus caras inmóviles, evitan mirar a la otra persona a los ojos, mantienen rígido el cuello y evitan mover sus cabezas o pronunciar el más mínimo sonido que pueda indicar que están escuchando. Los que se niegan a contestar a veces reclaman que no quieren empeorar las cosas, pero no parecen reconocer que este es un acto muy poderoso. Significa desaprobación, poner una distancia helada y engreírse.

> Todas las intimidades se basan en las diferencias.
>
> **Henry James**

No quiere decir que negarse a contestar marque el final del matrimonio, pero una vez que la rutina de la interacción se deteriora hasta este punto, el matrimonio se hará muy frágil y requerirá de mucho trabajo para salvarlo.

Recuerde que cualquiera puede negarse a contestar o ponerse a la defensiva, despreciar o criticar. En ocasiones, estas conductas se ven hasta en las parejas muy felices durante un conflicto intenso en el matrimonio. El verdadero peligro que existe es dejar que estas maneras de actuar se hagan un hábito.

Ejercicio 20:
Adivinador de pensamientos

A veces las parejas conflictivas encuentran un terreno común solo para descubrir que están parados sobre arena movediza como resultado de haber hecho suposiciones incorrectas. En el cuaderno*, el ejercicio *Adivinador de pensamientos* lo ayudará a usted y a su cónyuge a descubrir sus asunciones.

POR QUÉ UNA BUENA PELEA NO ES TAN MALA

El conflicto es un tabú social que algunos lo consideran moralmente malo. La suposición de que el conflicto no pertenece a las relaciones saludables se basa parcialmente en la idea de que el amor es el polo opuesto del odio. Pero la intimidad emocional involucra sentimientos tanto de amor como de odio; de querer estar cerca y necesitar estar separado, de estar de acuerdo y estar en desacuerdo.

La ausencia de las peleas no augura el bienestar para la mayoría de los matrimonios. Los cónyuges que se resisten a aceptar el conflicto como parte del matrimonio se pierden las oportunidades de desafiar creativamente y que la otra persona lo desafíe. También arriesgan consecuencias más negativas. Hechos sin resolver, conflictos sin manejar, son como un cáncer que corroe la pasión, la intimidad y el compromiso del matrimonio. Las parejas que no discuten por cosas importantes a menudo terminan con «sustitutos de la ira» en lugar de lidiar directamente con sus emociones. Comen más de la cuenta, se deprimen, chismosean o sufren enfermedades físicas. Mientras que estos sustitutos tal vez sean socialmente mejor aceptados que la expresión directa de la ira, pueden dar por resultado lo que los expertos llaman «privar al matrimonio de vitalidad», en la que una falsa intimidad es lo mejor que estas parejas pueden aspirar.[8] Una tarde típica en el hogar de una pareja que no pelea, en el que durante años se ha suprimido la ira sería algo así:

Él: (*bostezando*) Querida, ¿cómo pasaste el día?
Ella: (*con amabilidad*) Bien, ¿cómo lo pasaste tú?
Él: Ah, ya sabes, como siempre…
Ella: ¿Quieres hacer algo especial más tarde?
Él: Ah, no sé…

No se intercambia nada más significativo durante el resto de la noche porque la energía que estos dos emplean en reprimir la ira les drena la vitalidad de su relación. Evitan todo tipo de conflicto manteniendo en secreto sus motivos de quejas y echándolos en un saco imaginario que con el tiempo se hace cada vez más y más pesado. Y cuando las quejas del matrimonio se cargan y miman calladamente en el saco imaginario durante cualquier cantidad de tiempo, hacen un espantoso reguero al estallar.

El punto es que el conflicto matrimonial es un desafío necesario que debe satisfacerse en lugar de evitarse. Lo volveremos a repetir:

El conflicto es natural en las relaciones íntimas. Una vez que esto se entienda, el conflicto deja de representar una crisis y se convierte en una oportunidad para crecer.

David y Vera Mace, prominentes consejeros matrimoniales, observaron que el día de la boda las personas tienen tres clases de materia prima para trabajar. En primer lugar están las cosas que tienen en común, las cosas que les gustan a ambos. En segundo lugar están las cosas que son diferentes, aunque las diferencias son complementarias. Y en tercer lugar están las diferencias que no son nada complementarias y causan la mayoría de los conflictos. Todas las parejas casadas tienen diferencias que no son complementarias... y son muchas. A medida que usted y su cónyuge se acerquen más, esas diferencias se harán más prominentes. Como ve, el conflicto puede ser el resultado de estar más cerca. Como les hemos dicho a tantas parejas en consejería: El conflicto es el precio que usted paga por profundizar su intimidad. Pero cuando se aprende a pelear limpio, su matrimonio puede florecer.

PELEAR LA BUENA PELEA

Imagínese que haya una fórmula para un matrimonio feliz, ¿usted la seguiría? Desde luego, ¿quién no? Especialmente si esta fórmula la apoyara una evidencia concreta que haya probado tener éxito.

Bueno, la noticia asombrosa es que dicha fórmula sí existe ahora, gracias a las investigaciones pioneras que se hicieron entre miles de parejas alrededor del país. Los psicólogos Howard Markman y Scott Stanley en la Universidad de Denver predijeron, con un ochenta por ciento de exactitud, quiénes se divorciarán seis o siete años después de casarse. Y lo que buscaban no era *si* las parejas discuten, sino *cómo* discuten las parejas.[9]

Ahora no sabemos solo que las parejas infelices hacen mal en discutir, sino que las parejas felices hacen bien en hacerlo. Las parejas de éxito resuelven el conflicto sin dejar cicatrices, porque han aprendido a pelear una buena pelea manteniéndose unidos a las siguientes reglas.

NO HUYA DEL CONFLICTO

Necesitamos considerar la historia del genio en la botella quien, durante sus primeros mil años de encarcelamiento, piensa: «Al que me libere le concederé tres deseos», y luego, durante sus segundos mil años de encarcelamiento, piensa: «Mataré al que me libere». Muchos de nosotros, como ese genio, nos enojamos más y nos ponemos más peligroso mientras más tiempo guardamos las quejas en la botella. No se permita a usted mismo enterrar algo que lo irrite. Las irritaciones reprimidas tienen un alto grado de resurrección.

> El amor se puede enojar... con una clase de enojo en el cual no hay hiel, como el de la paloma y no como el del cuervo.
>
> **San Agustín**

Las parejas felices pueden estar vehementemente en desacuerdo, pero no excluyen a su pareja. Cuando un cónyuge saca un asunto a relucir, el otro escucha con atención. De tiempo en tiempo el que escucha parafraseará lo que el otro dijo («¿Te preocupa el que gastemos tanto?») para asegurarse de que el mensaje se haya entendido.

ESCOJA SUS BATALLAS CON CUIDADO

El amor puede ser ciego, pero para muchas parejas el matrimonio es un cristal de aumento. Las parejas que están virtualmente seguras de separarse no parecen encontrar una manera relajada y razonablemente eficiente de imaginar cómo resolver las diferencias tan pequeñas como cuáles películas ver o qué amigos visitar. Con el tiempo su falta de habilidad para negociar los hunde no importa lo muy enamorados que estén. Así que tome el consejo de los expertos y escoja su batalla con cuidado.

Es probable que usted haya visto la oración que aparece en placas y afiches: «Dame la sabiduría para aceptar las cosas que no puedo cambiar». Es más que conocida, pero es verdad: Una de las tareas mayores del matrimonio es aprender lo que se puede y se debe cambiar (por ejemplo, el hábito de criticar constantemente) y lo que se debe obviar (la manera en que el cónyuge aprieta el tubo de pasta dental).

Con frecuencia le decimos a las parejas que es probable que alrededor del noventa por ciento de los temas por los cuales riñen puedan pasarse por alto. Sabemos lo fácil que es criticar al cónyuge de uno. Nosotros mismos hemos hecho nuestra parte vociferándonos acerca de infracciones menores, pero también hemos aprendido a no preocuparnos por cosas insignificantes. Este simple consejo le puede evitar echar a perder la noche de un viernes o incluso todas las vacaciones. Así que antes de quejarse acerca de la manera en que su cónyuge arregla la cama o limpia la mesa, pregúntese si vale la pena.

También, al «escoger sus batallas», ayuda considerar si el asunto por el que van a luchar está relacionado con una diferencia de género, una de esas reglas no mencionadas que asumimos o uno de esos roles insconciente impuestos de los que hablamos en el primer capítulo. A veces, simplemente el reconocer estos aspectos es suficiente para ayudarnos a relajarnos y no considerar el asunto importante.

DEFINA EL TEMA CON CLARIDAD

Shari y Ron parecían tener adicción a la fricción. Su más reciente explosión sucedió mientras pasaban un rato con un grupo de amigos en su casa. Todos estaban pasando un buen rato, disfrutando la conversación y la comida. Cuando Shari comenzó a servir el postre, Ron se brindó a servir el café. Shari apreció la oferta y fue a la cocina para buscar unos platos más. Cuando regresó al comedor, todavía Ron estaba hablando y no había comenzado a servir el café. Shari se disgustó e hizo un comentario despreciativo y los dos comenzaron a discutir.

«De nuevo comenzaron a discutir», dijo uno de los invitados.

Avergonzados, de repente Shari y Ron dejaron de pelear. Después que se fueron los invitados, Shari le preguntó a Ron: «¿Nosotros peleamos con tanta frecuencia?».

Ron, sobriamente, asintió con su cabeza. Tanto él como Shari sabían que ellos peleaban demasiado, pero no sabían por qué.

Muchas parejas descubren que con regularidad pelean casi por cualquier cosa, nada es demasiado pequeño, o demasiado grande, para comenzar. Cuando Shari y Ron vinieron a vernos, les dimos una tarea sencilla que casi de inmediato disminuyó la frecuencia de sus pleitos. Era así: Cuando ustedes sientan que aumenta la tensión, cada uno pídale al otro que defina con claridad cuál es el motivo de la pelea hasta que ambos entiendan el asunto. Las batallas del matrimonio llegan a ser algo habitual si la fuente del conflicto no se identifica, pero una vez que la pareja define el asunto, ellos pueden ser más francos en cuanto a lo que verdaderamente les molesta. Y una vez que el conflicto se define con claridad, a menudo se resuelve por sí mismo.

Por ejemplo, en la comida fracasada de Ron y Shari, realmente ella no estaba discutiendo en cuanto a tener que hacer todo el trabajo por su cuenta. Shari se molestó con Ron porque temprano ese día él se fue a jugar basketball aunque le había prometido estar con ella en la casa, y discutir frente a sus amigos fue una manera de vengarse de él. Una vez que Ron entendió el verdadero motivo, simpatizó con la frustración de Shari y fue más capaz de reparar el daño.

Para identificar la verdadera fuente de un conflicto, usted debe hacer la pregunta: «¿Qué es lo que realmente nos molesta?» y «¿Cuál es la verdadera fuente de nuestro desacuerdo?» Cuando las parejas no dirigen o no pueden contestar esas preguntas, con frecuencia la riña se cambia a otro tópico («Y otra cosa: ¿Por qué tú siempre…?»). Así que antes de pelear, asegúrese de saber cuál es el motivo de la pelea.

DECLARE DIRECTAMENTE SUS SENTIMIENTOS

Sonia, casada hace más de un año, estaba peleando continuamente con su esposo acerca de su loco horario de viajes. «No entiendo por qué tu trabajo tiene más prioridad que nuestras relaciones», le dijo ella una noche por teléfono. A medida que él empezó a explicarle la presión de una fecha límite inminente y por qué él tenía que viajar tanto, Sonia se sorprendió al reconocer que realmente ella no resentía tanto el que él saliera y trabajara tanto, todo lo que ella sinceramente quería era que él le dijera: «Te extraño. No estar en la casa me hace sentir terriblemente mal. Y tú eres una persona fabulosa porque eres capaz de manejarlo todo mientras yo estoy fuera». Una vez que ella declaró directamente sus sentimientos, obtuvo lo que quería.

Con frecuencia le enseñamos a las parejas la fórmula «X, Y, Z» para ayudarlos a declarar sus sentimientos. Considere este método como una clase de juego en el cual usted llena los blancos con su queja particular en mente: «En la situación X, cuando yo hago Y, me siento Z». Por ejemplo: «Cuando tú estás en la carretera (X), y no me dices que me extrañas (Y), me siento sola y me parece que no me amas (Z)». O, «El jueves pasado por la noche (X) cuando hiciste una llamada de larga distancia para hablar con tu mamá y hablaste durante media hora (Y), me puse brava porque no podemos hacer esas llamadas de larga distancia que cuestan tanto (Z)». Usar esta fórmula lo ayudará a evitar insultos y asesinar el carácter y permitirá que en lugar de eso, usted simplemente declare cómo la conducta de su cónyuge afecta sus sentimientos.

Otro ejemplo sería este: «Cuando vamos en el auto (X) y tú cambias la estación de radio sin antes preguntarme (Y), me duele que no consideres mis deseos (Z)». Esto es mucho más constructivo para su pareja que decirle: «Tú nunca consideras mis gustos en lo que se refiere a la música». Aunque esto último puede ser lo que primero venga a su cabeza, es más probable que parezca una respuesta a la defensiva que no le lleva a ninguna parte.

¿Sabe cómo pelear una buena pelea?

> ### *Ejercicio 21:*
> ### *Compartir cosas no reveladas*
>
> Durante la mayor parte de nuestro matrimonio hemos practicado un ejercicio llamado «acaparado». Esta es una gran manera de despejar con su pareja, regularmente, esos pequeños asuntos conflictivos para que no se amontonen. En el cuaderno*, el ejercicio *Compartir cosas no reveladas* les ayudará a usted y a su cónyuge a estar al día mutuamente en los asuntos negativos y en los positivos de sus relaciones. Le hemos enseñado este ejercicio a miles de parejas que creen que es una de las herramientas más útiles para pelear una buena pelea.

MIDA LA INTENSIDAD DE SUS SENTIMIENTOS

Hemos observado que, por lo general, una de las personas en las parejas que aconsejamos a menudo es más expresiva que la otra. En otras palabras, una persona articula sus sentimientos con más rapidez y con más intensidad que la otra. Y hemos visto que este desequilibrio una y otra vez causan problemas porque lo que es muy importante para una persona a la otra le puede *parecer* mucho menos importante.

Cuando James y Karen estaban arreglando su primer apartamento, Karen quería pintar azul claro las paredes de la cocina. Ella trajo muestras de pintura para enseñárselas a su nuevo esposo, pero él no se entusiasmó tanto como ella:

—Encontré el color perfecto —dijo Karen con mucho entusiasmo, sosteniendo muestras de pintura contra la pared.

—Realmente a mí no me gustan tanto —dijo Jim.

—Ah, pero te van a gustar una vez que veas las paredes pintadas. Se verá muy bonito.

—No sé.

El teléfono sonó en el medio de la discusión y esa fue la última vez que ellos hablaron acerca de esto. Tres días más tarde James no le daba crédito a sus ojos cuando llegó a la casa y se encontró la cocina pintada de azul claro.

—¿Qué es esto? —exclamó—. ¡Creía que habíamos acordado no pintar la cocina de este color!

—Tú dijiste que no te importaba, así que yo la pinté.

—¡Yo nunca dije eso!

James y Karen se pasaron el resto de la noche discutiendo acerca de sentirse traicionados y despreciados. Pero todo esto pudo prevenirse si ellos hubieran sabido la importancia (o falta de importancia) que el asunto de pintar la cocina tenía para cada uno. Como al fin sucedió, James no se expresó bien, pero él tenía una fuerte convicción acerca de no pintar la cocina de azul claro. Karen, por otra parte, tenía mucho entusiasmo y estaba ansiosa de arreglar la casa. Con facilidad ella podía aceptar otro color. Sus sentimientos y cómo los expresaron casi eran polos opuestos.

Hay una simple técnica que pudo prevenir mucha de la pena de James y Karen. Ya hace varios años que hemos estado repartiendo lo que llamamos «Tarjeta de Conflicto». Usar estas pequeñas tarjetas plásticas, que no son mayores que una tarjeta de crédito, ayuda a las parejas a poner los pies en la tierra cuando se trata de expresar la intensidad de sus sentimientos. No estamos seguros de dónde vino la idea de estas tarjetas, pero nos han ayudado a resolver muchos de los conflictos de nuestro propio matrimonio, y hemos visto que también funciona en centenares de otros matrimonios.

¿Qué tiene la tarjeta? Es realmente simple. En la tarjeta hay una escala del uno al diez de rangos de intensidad de los sentimientos de una persona:

1. No me entusiasma, pero no representa algo grande para mí.
2. No lo veo como tú lo ves, pero tal vez yo esté equivocado/a.
3. No estoy de acuerdo, pero puedo vivir con esto.

4. No estoy de acuerdo, pero dejaré que tú lo hagas a tu manera.
5. No estoy de acuerdo y no me puedo quedar callada en cuanto a esto.
6. No lo apruebo y necesito más tiempo.
7. Lo desapruebo fuertemente y no puedo seguir con esto.
8. Estaré tan seriamente molesta que no puedo predecir cómo voy a reaccionar.
9. ¡De ninguna forma! Si tú lo haces, ¡yo renuncio!
10. ¡Sobre mi cadáver!

Cada vez que suceda un intercambio caluroso, una pareja puede simplemente sacar esta lista y calificar la profundidad de su discordia:

«Esto es un tres para mí». «Para mí es un cinco». Al calificar sus conflictos, pueden jugar en un nivel justo si una de las personas es más expresiva que la otra.

Si quisiera tener gratis una Tarjeta de Conflicto, tenga la bondad de ordenarla mediante nuestro sitio en la Internet: *http://www.realrelationships.com.**

A propósito, a las parejas que usan la Tarjeta de Conflicto le decimos que si ambas partes califican el tema con siete o un número mayor, se debe buscar ayuda objetiva de un terapeuta de matrimonios.

> No dejen que el sol se ponga estando aún enojados.
>
> **Efesios 4.26**

RENUNCIE A LOS INSULTOS

¿Recuerda el dicho de la niñez: «Los palos y las piedras pueden romper mis huesos, pero los insultos nunca me dolerán»? Eso es una mentira, los insultos *sí* duelen, como muchas parejas infelices pueden testificar. Por desgracia, las parejas generalmente son expertas en asesinar el carácter («No quieres un trabajo mejor porque eres un haragán»).

Las degradaciones son especialmente letales cuando atacan un talón de Aquiles, o sea, una debilidad fatal. Si su esposo le ha confesado que sus compañeros odiosos de la segunda enseñanza le pusieron por apodo «intelectual de huevo» y que todavía como adulto él siente el temor de ser torpe desde el punto de vista social, ese apodo sobrepasa los límites. Estas dos debilidades fatales se mencionan tan a menudo que deben ser universales, me refiero al desempeño sexual y a los padres. Es suficientemente delicado, en los momentos más relajados de la vida, comentar la insatisfacción sexual con el cónyuge, pero usarlo durante una discusión es una idea despreciable. Y aunque se nos permita criticar a nuestros propios padres, es una trampa muy injusta que un cónyuge lo haga.

Uno de los hechos más tristes en las relaciones cercanas es que tratemos a los que amamos peor que lo que tratamos a casi todos los demás. Somos más dados a insultar al cónyuge que a cualquiera otra persona en nuestra vida. Hasta somos más corteses con las amistades que lo que somos con nuestros cónyuges. Aquí encontrará algunos consejos para cultivar la cortesía en su matrimonio:

- Salúdense uno al otro con un reconocimiento y un tierno hola, y señale la salida con un tierno adiós.
- Cuando su pareja haya hecho una tarea, siempre demuestre aprecio por el trabajo aunque la manera en que lo hizo no satisfaga su aprobación (diga: «Gracias por lavar el auto» en lugar de «Se te quedó algo sucio»).
- Rodee las horas de la comida con conversaciones placenteras. Apague la televisión y en su lugar préstele atención a su pareja.

Las investigaciones muestran que solo se necesita degradar a una persona una vez para echar a perder todas las horas de bondad que usted le dedicó a su cónyuge. Así que la mejor ofrenda de cortesía que usted le pueda dar a su pareja es evitar por completo los insultos.

NO EMPLEE MUCHO TIEMPO EN LAS COSAS DEPRIMENTES

Si usted está peleando por causa del tiempo que su pareja emplea en el trabajo, le prometemos que su argumento no adelantará si además usted señala que él o ella está sobregirado en el banco y siempre le deja el auto con el tanque de gasolina vacío. Aténgase rigurosamente a los temas importantes y *procure terminar la pelea*. Enfóquese en el intercambio si se sale de la ruta: «Mira, vamos a decidir quién va a dejar esto en la tintorería. Más tarde podremos hablar acerca de cómo se lava la ropa en casa». Procure calmar a su pareja: «Vamos a dejar esto a un lado. Los dos estamos demasiado enojados para ahora mismo discutir este asunto razonablemente». Las parejas infelices convierten cada cosa en un desliz de palabras descorteses que llevan a otras:

Él: Creo que mi error fue pensar en tener una comida agradable.
Ella: Si llegaras a la casa a tiempo, la habrías tenido así. Te preocupas más por el trabajo que por mí.
Él: Alguien tiene que ganarse el sustento.
Ella: ¡No serías tú si yo no hubiera trabajado como un animal para que te pudieras graduar!

Esta manera de descargar sin freno la bilis es uno de los indicadores más fuertes de un divorcio. Estas parejas se involucran en una pelea poco productiva respecto a viejos asuntos tangenciales que no se han resuelto. No se resuelve nada y sí surgen sentimientos negativos.

En los matrimonios estables el otro cónyuge no siempre se vengará cuando lo provocan injustamente. En su lugar, encontrarán caminos para bajar la tensión:

Él: ¡Realmente yo esperaba tener una comida decente!
Ella: Tus horas son tan imprevisibles que yo no puedo planearlas.

Él: No tengo alternativa. Tengo mucha presión en el trabajo.

Ella: Esta bien, entonces para esta noche, ¿ordenamos una pizza?

No se trata de cómo se produce la discusión sino de cómo salir de ella. Si usted emplea mucho tiempo en cosas negativas, se ahogará con el tiempo.

Seamos francos: En el amor, como en la guerra, no todo es justo. Las peleas limpias y constructivas son mejores que las peleas bajas y sucias, de eso no hay duda. Aunque es lógico que de vez en cuando tropecemos, el esfuerzo de seguir las «reglas» anteriores lo ayudarán a tener un pleito limpio.

PARA REFLEXIONAR

1. ¿Qué hace usted normalmente cuando encara un conflicto interpersonal? ¿Qué funciona o no en su caso?

2. ¿Alguna vez ha notado alguna «señal» en particular que le avise de una tensión amontonada antes de que explote? Por ejemplo, ¿su corazón le late más fuerte, le sudan las manos, evita mirar a su pareja a los ojos? ¿Qué le daría alguna señal para saber que usted está comenzando a enojarse?

3. Considere las cosas por las que usted y su pareja a veces discuten. ¿Qué patrón usted detecta? ¿Ve algún tema en común? ¿El mismo asunto se repite una y otra vez?

4. En un continuo «negar el conflicto» en un extremo y «confrontarlo» en el otro, ¿dónde usted se coloca? ¿En dónde colocaría a su pareja? ¿Cómo las discusiones afectan sus diferencias?

5. ¿Qué puede usted hacer para evitar el error común de convertir sus quejas en críticas? ¿Por qué es importante evitar esta trampa?

6. ¿Qué cree usted acerca de la declaración: «El conflicto es el precio que pagamos para profundizar la intimidad? ¿Cómo usted le explicaría este concepto a otra persona?

7. ¿Qué aprendió usted de sus padres con relación a manejar los conflictos? Considere las conductas como gritar, culpar, hacer pucheros, sarcasmo, evitar, llorar y amenazar.

8. Una de las razones por las que el dinero ocupa el primer lugar de la lista de cosas por las cuales se discute con frecuencia es que las parejas diariamente encaran decisiones financieras. En su opinión, ¿cuáles son otras razones que causan que el dinero sea tan problemático en su matrimonio?

9. Cuando se trata de insultar, ¿entiende bien lo que está prohibido al discutir con su cónyuge? ¿Sabe él o ella lo que está prohibido para usted?

10. ¿Cuál es su fuerza más grande y su desafío mayor, personalmente, cuando se trata de pelear una buena pelea?

11. Cada uno de los problemas que usted y su cónyuge resuelven son parte de la confirmación de que su matrimonio será fuerte. Tome un momento para pensar en los conflictos que ustedes dos han resuelto constructivamente. ¿Qué le dicen acerca de su habilidad como equipo para manejar diferentes temas?

¿SON USTED Y SU CÓNYUGE ALMAS GEMELAS?

... y los dos llegarán a ser un solo cuerpo.
EFESIOS 5.31

«Somos exactamente iguales», dijo John. Él y Nancy eran uno de los doce recién casados a quienes les estábamos dando clases. Cuando John hizo su orgullosa exclamación, yo (Leslie) le acababa de pedir a cada uno de ellos que hablara acerca de sus diferencias. Las otras parejas se miraron consternadas.

Les, como haría cualquier psicólogo, dijo: «John, cuéntanos acerca de eso».

Nancy asintió con la cabeza mientras su nuevo esposo replicó: «Nosotros no tenemos ninguna gran diferencia, eso es todo. Nos gustan las mismas cosas y nunca estamos en desacuerdo».

«¡Vaya!», dijo Les con una pizca de sarcasmo en su voz. Yo misma sentí que comenzaba a encogerme de miedo, sabiendo lo que Les estaba pensando y esperando que no lo dijera. Pero sí lo dijo: «Ustedes son la primera pareja que yo he conocido que sea *exactamente* igual».

Se oyó una risita en la clase y John entornó sus ojos. «Bueno, no somos exactamente iguales», admitió él.

Algunas parejas se esfuerzan por duplicarse mutuamente y así cubrir sus diferencias. Por ejemplo, los recién casados a menudo fuerzan una similitud que no es realista en cuanto a sus gustos, opiniones, prioridades y hábitos. Hacen esto con la mejor de las intenciones, pero su similitud no es más cierta que la de Adán y Eva cuando cubrieron sus diferencias con hojas de higo. Dios creó a cada persona de manera que fuera diferente, y negar esa singularidad lleva solo a la pretensión, no a una sociedad.

Otro miembro del mismo grupo pequeño dijo: «Sharon y yo tenemos un matrimonio en el cual compartimos todas nuestra responsabilidades al cincuenta por ciento». Otras parejas estuvieron de acuerdo. Compartir la carga es la mejor manera de crear singularidad. «Sí», dijo Sharon, «pero a veces nuestras mitades no encajan bien al unirse».

Ella tenía razón. Un matrimonio en el que se comparten responsabilidades de forma proporcionada solo funciona si cada uno es una fracción. Pero nosotros no lo somos. Cada uno de nosotros es una persona completa. Cuando nos casamos, no restamos algo de nosotros. Seguimos siendo completos y queremos que nos amen como a un todo, sin cortarnos para que nos podamos acomodar juntos.

Hemos visto parejas que procuran construir un matrimonio sobre el principio de compartir igualmente las responsabilidades, tomando turnos para decidir esto y aquello, dividiendo recursos, pesando porciones, contando privilegios. Pero todavía nos queda por encontrar parejas que comparten responsabilidades que no consideran que tomar turnos es privarse de sus supuestos derechos. Con frecuencia, el cónyuge de más voluntad consciente o inconscientemente, maneja el cuchillo que divide las «mitades» y una mitad llega a ser «más igual» que la otra.

> Cada uno de nosotros es un ángel con una sola ala, y solo podemos volar cuando nos abrazamos.
>
> **Luciano de Crescenzo**

162

Entonces, ¿cómo un hombre y una mujer se hacen uno en un matrimonio? Para decirlo de otra manera: ¿Cómo un hombre y una mujer se hacen almas gemelas? La respuesta se encuentra exactamente donde usted lo sospecha, en la profundidad del alma. Recientes investigaciones científicas han apoyado lo que el sentido común nos ha venido diciendo durante años; en esencia, cultivar la dimensión espiritual del matrimonio es lo que une a las parejas con lazos inquebrantables.1 El matrimonio prospera cuando se alimenta su alma.

En este capítulo exploramos el aspecto más importante y del que menos se habla con relación a un matrimonio saludable, la dimensión espiritual. Comenzaremos por explorar la necesidad de la intimidad espiritual y su profundo significado para su matrimonio. Después mostraremos cómo Dios se revela en su relación y cómo el matrimonio está más cerca de la naturaleza de Dios que a cualquier otro aspecto de la vida. Luego bosquejaremos algunas herramientas específicas y prácticas para cultivar el alma de su matrimonio. Concluiremos este capítulo con un último recuerdo.

INTIMIDAD ESPIRITUAL: EL SIGNIFICADO MÁXIMO DEL MATRIMONIO

El 12 de febrero de 1944, Ana Frank, de trece años de edad, escribió las siguientes palabras en su ahora famoso diario:

Hoy el sol está brillando, el cielo tiene un azul profundo, hay una brisa encantadora y yo tengo anhelos, muchos anhelos de todo. De hablar, tener libertad, amistades, estar sola.

Y anhelo tanto... ¡llorar! Me siento como si me fuera a explotar y sé que mejoraré llorando, pero no puedo, estoy inquieta. Voy de una habitación a la otra, respiro a través de la grieta de una ventana cerrada, siento mi corazón latiendo, como si estuviera diciendo, ¿por fin podrás satisfacer mi anhelo?

Creo que dentro de mí es primavera, siento que esa primavera se está despertando. La siento en todo mi cuerpo y alma.

Es un esfuerzo para comportarme normalmente. Me siento muy confundida. No sé qué leer, qué escribir, qué hacer, solo sé que tengo nostalgia.[2]

En todos nosotros hay, en el mismo centro de nuestras vidas, una tensión, un dolor, un ardor en el corazón que es profundo e insaciable. Muy a menudo es una nostalgia sin un nombre o enfoque claro, un dolor que no se puede señalar ni describir con claridad. Como Ana Frank, solo sabemos que estamos inquietos, con un dolor profundo en nuestras almas.

La mayoría de las personas espera que el matrimonio apague su anhelo del alma, y con frecuencia lo hace durante un tiempo. Pero para muchos, el dolor profundo e inquieto vuelve a hacer un eco. Así fue como realmente sucedió con Ryan y Ashley. Hicieron todo lo que pudieron para favorecer las probabilidades de un matrimonio sólido. Fueron a consejería prematrimonial, ajustaron las expectativas erróneas, aprendieron cómo comunicarse eficientemente, practicaron la solución de los conflictos y así sucesivamente. Leyeron libros acerca del matrimonio, asistieron a seminarios, escucharon cintas grabadas y hasta tuvieron una pareja mayor que estuvo de acuerdo en ser sus mentores durante su primer año de matrimonio. Ryan y Ashley tomaron con seriedad el matrimonio y sus esfuerzos dieron resultados, por lo menos por ahora. Ahora tenían diez años de matrimonio y, según las apariencias, les iba bien. Pero a pesar de todos sus esfuerzos, les faltaba algo.

> Ahora podemos reconocer que el destino del alma es el destino del orden social; que si el espíritu en nosotros se marchita, así también sucederá con todo el mundo que edifiquemos a nuestro alrededor.
>
> **Theodore Roszak**

«Estamos muy enamorados», nos dijo Ashley, «pero a veces sentimos que no hacemos nada más que hacer las cosas por puro formalismo».

«Sí», dijo Ryan. «Definitivamente estamos enamorados, pero a veces la relación se siente —yo no sé— vacía, yo creo. Como si debiéramos tener una conexión más profunda».

Ryan y Ashley, en muchos aspectos, eran una pareja modelo. Hicieron todas las cosas que hacen las parejas saludables. Eran psicológicamente astutos, equilibrados emocionalmente y mantenían sus relaciones en orden. Pero sus corazones continuaban inquietos, ansiando algo más, algo más profundo. Ryan y Ashley, sabiéndolo o no, estaban ansiando ser almas gemelas.

Lo que Ryan y Ashley todavía necesitaban era aprender que para un matrimonio próspero había algo más que una buena comunicación, conflictos resueltos y actitudes positivas. Aunque cada una de estas herramientas es críticamente importante para que una relación perdure y sea significativa, no es suficiente. El matrimonio no es una máquina que necesita un mantenimiento rutinario para mantenerlo funcionando sino un suceso sobrenatural que se encuentra en el intercambio mutuo de los votos sagrados. Por encima de todo, el matrimonio es una profunda, misteriosa e insondable empresa.

Incluso, las parejas felizmente casadas como Ryan y Ashley eventualmente descubrirán una inquietud innata para vincularse con su ser amado, no solo para tener consuelo, no solo para sentir pasión sino también para tener *significado*. Nuestras vidas continúan día tras día. Tal vez sean exitosas o no, llenas de placeres o llenas de preocupaciones. ¿Pero tienen algún *significado*? Solo nuestra alma puede responder.

Para las parejas casadas, el significado espiritual debe ser una búsqueda en común.[3] Mientras que cada individuo a solas debe llegar a tener una comprensión del significado de la vida, también las parejas deben descubrir juntas el significado de su matrimonio. Ustedes no son solo esposo y esposa. Ustedes han dado a luz un matrimonio que se parece mucho a un ser vivo, nacido de ustedes dos. Y el alma del matrimonio recién nacido necesita cuidados.

El significado máximo de compartir la vida con otra persona es el llamado espiritual de las almas gemelas, y todas las parejas deben contestar ese llamado o arriesgar un matrimonio enano, sin desarrollarse. Como la levadura en una barra de pan, lo espiritual determinará al máximo si su matrimonio crecerá con éxito o fracasará de forma decepcionante.

La dimensión espiritual del matrimonio es una fuente práctica de alimento para el crecimiento y la salud marital. No hay un solo factor que haga más por cultivar la unidad y un sentido de significado de propósitos en el matrimonio que un compromiso compartido para el descubrimiento espiritual. Este es el hambre fundamental de nuestras almas.

Ejercicio 22:
Su peregrinaje espiritual

Cada persona trae a su matrimonio su propia búsqueda espiritual. En el cuaderno*, el ejercicio *Su peregrinaje espiritual* lo ayudará a usted y a su cónyuge a compartir su andar espiritual y también les ayudará a aprender las maneras específicas en que cada uno de ustedes se relaciona con Dios.

DESCUBRA A DIOS EN SU MATRIMONIO

> Nos hiciste, Señor, para ti, y nuestro corazón está inquieto, hasta que descanse en ti.
>
> **San Agustín**

Una de las historias de amor más convincentes de nuestros tiempos incluye a una pareja que, al principio, vivían separados por un océano. Él era un viejo, soltero empedernido de Oxford, apologista cristiano y un autor de libros *best seller* para niños. Ella, una americana, mucho más joven y divorciada con dos hijos.

¿Son usted y su cónyuge almas gemelas?

En 1952, después de encontrarse por primera vez durante su visita a Inglaterra, C. S. Lewis y Joy Davidson alimentaron su relación por correo. Chispas intelectuales de las mentes de cada uno encendieron su aprecio y respeto mutuo. Cuando Joy se mudó a Inglaterra con sus hijos, la relación disfrutó los beneficios de la proximidad. Y cuando su despedida de Inglaterra parecía ser inminente a causa de la falta de fondos y una visa de visitante que llegaba a su fin, C. S. Lewis tomó una decisión: Si Joy estaba de acuerdo, se casarían.

Muy temprano en su matrimonio, el cuerpo de Joy reveló un secreto que mantenía escondido. Ella tenía cáncer y era irreversible. La bien ordenada vida de C. S. Lewis se derritió. Pero en el proceso, el hombre de letras inglés reconoció lo profundo que era el amor que sentía por Joy.

Al seguir adelante con sus vidas, la pareja Lewis buscó y encontró la añadidura de la bendición de la iglesia en su matrimonio, el cual se había formalizado originalmente en una notaría. Le dieron a Joy el mejor tratamiento que existía. Luego él la trajo para el hogar y se dedicó a su cuidado. No es de sorprenderse que el cuerpo de Joy reaccionara. Sin embargo, su remisión fue pasajera.

Próxima a morir, Joy le dijo a él: «Tú me has hecho feliz». Luego, un poco después: «Estoy en paz con Dios». Joy murió esa noche a las 10:15, en 1960. «Ella sonreía», recordó Lewis más tarde, «pero no a mí».

Si hay una lección que obtener de esta asombrosa historia de amor,

> Nos alimentamos del amor, de cada modo de este, solemne y feliz, romántico y realista, a veces tan dramático como una tormenta de truenos, a veces cómodo y sin énfasis como es ponerse unas suaves pantuflas. Ella era mi alumna y mi maestra, mi asignatura y mi soberana, mi compañera de confianza, amiga, mi compañera de tripulación, mi soldado acompañante. Mi amante, pero al mismo tiempo todo lo que cualquier amigo hombre ha sido para mí.
>
> **C. S. Lewis**

esa será que los cónyuges sin una profunda unidad espiritual nunca podrán competir con la plenitud del amor que disfrutan las almas gemelas.

El matrimonio, cuando es saludable, tiene una manera mística de revelar a Dios, una manera de traer una sonrisa de paz a nuestros corazones inquietos.

Cuando los investigadores examinaron las características de las parejas felices que han estado casadas durante más de dos décadas, una de las cualidades más importantes que descubrieron fue «la fe en Dios y el compromiso espiritual».[4] La religión, está probado, brinda a las parejas un sentido que comparte los valores, la ideología y el propósito que apoya su relación.

El matrimonio está más cerca de la naturaleza de Dios que cualquier otra experiencia humana. Dios usa la metáfora del matrimonio para describir la relación a la humanidad: «Como un novio que se regocija por su novia, así tu Dios se regocijará por ti».[5] Dios ama a la iglesia, «la novia», dice Pablo, no como un grupo de personas ajenas a él con quienes él ha llegado a un acuerdo, sino como a su propio cuerpo.[6] Y de manera similar, cuando un esposo ama a su esposa y una esposa ama a su esposo, como extensiones de ellos mismos, viven como «una carne», como almas gemelas.

Por último, mediante el matrimonio, Dios también se muestra a sí mismo en dos maneras importantes: primero, revelando su fidelidad, y segundo, revelando su perdón.

EL MATRIMONIO REVELA LA FIDELIDAD DE DIOS

¿Cómo sería el matrimonio sin la fidelidad? ¿Qué sucedería si nuestra pareja nos dice, «Trataré de ser sincero, pero no cuentes con esto»? Desde luego, el matrimonio nunca sobrevivirá. Nos volveríamos locos de incertidumbres si no pudiéramos contar con la fidelidad de nuestro cónyuge. El sustento de nuestra relación depende de la fuerza de la fidelidad, la de ellos, la nuestra y, por último, la de Dios. Sí, la fidelidad de Dios es esencial para la supervivencia de nuestro matrimonio. Considere esto. ¿Cómo podemos, siendo personas débiles y limitadas y considerando plenamente todas las incertidumbres de la vida, decir: «De una cosa me aseguraré: mi fidelidad a mi pareja»? No podemos decirlo, por lo menos no por nuestra cuenta.

Robertson McQuilkin es un esposo conocido por confiar en la fidelidad de Dios. Él era el presidente de una universidad cristiana y su esposa, Muriel, era la anfitriona de un exitoso programa de radio cuando comenzó a experimentar pérdida de la memoria. El diagnóstico médico volvió al revés sus cuarenta y dos años de matrimonio: Muriel tenía Alzheimer.

«No parecía que fuera doloroso para ella», dijo Robertson, «pero para mí fue una muerte lenta ver gradualmente apagarse a esta persona creativa, articulada, que conocía y que llegué a querer». Robertson fue a la junta de fideicomisarios de la universidad y les pidió que comenzaran a buscar a su sucesor, diciéndoles que cuando llegara el día en que Muriel lo necesitara todo el tiempo, él estaría con ella.

Como a Robertson todavía le faltaban ocho años para retirarse, sus amigos lo urgieron a hacer los arreglos para recluir a Muriel. Pronto ella se acostumbraría a su nuevo ambiente, dijeron ellos. *¿Pero sería así?* Se preguntaba Robertson. *¿La amaría alguien como él la amaba?* Muriel no podía decir oraciones completas, solo palabras, y a menudo palabras que no tenían mucho sentido. Pero había una oración que ella sí podía decir, y la decía con frecuencia: «Te amo».

La junta de la universidad hizo arreglos para conseguir a alguien que acompañara a Muriel y así el doctor McQuilkin podía ir diariamente a la oficina. Durante ese tiempo se hizo cada vez más difícil mantener a Muriel en la casa. Cuando Robertson se iba, ella salía detrás de él. El camino hasta la universidad era de un kilómetro y medio de ida y vuelta desde la casa, y Muriel hacía el viaje hasta diez veces en un día. «A veces por las noches», contaba Robertson, «cuando yo la ayudaba a desvestirse, le encontraba los pies sangrientos. Cuando se lo dije a nuestro médico familiar, él movió la cabeza y simplemente dijo: "Qué clase de amor"».

En 1990, creer haber sido fiel a Muriel «en enfermedad y en salud» fue un asunto de integridad, Robertson McQuilkin renunció a la presidencia para cuidar todo el tiempo de su esposa. «Todos los días yo discernía nuevas manifestaciones de la clase de persona que es ella», decía él. «También veo manifestaciones frescas del amor de Dios, el Dios que ansío amar más plenamente».

Han pasado varios años desde que Robertson renunció y Muriel se ha ido desmejorando hasta que ya casi no habla. La mayor parte del tiempo se sienta, mientras él escribe, sin embargo, ella está contenta y con frecuencia se ríe. «Todavía ella parece sentir afecto por mí», dice Robertson.

«¿Qué más pudiera pedir? Tengo un hogar lleno de amor y risa; ¡muchas parejas con sus mentes lúcidas no tienen esto! Muriel es muy cariñosa, más querida para mí ahora que nunca antes. Cuando ella extiende sus brazos para tocarme durante las horas de la noche o sonríe contenta y amorosa cuando se despierta, le doy gracias al Señor por su gracia para nosotros y le pido que me permita mantenerla».

La fidelidad es como una joya de muchas facetas, que exhibe una compleja combinación de dimensiones interrelacionadas, confianza, compromiso, verdad, lealtad, valor, cuidado. Pero nuestra fidelidad mutua solo se sostiene del modelo de fidelidad de Dios para nosotros. Cuando un hombre y una mujer hacen un pacto el uno con el otro, Dios les promete fidelidad. Y esto ayuda a las parejas a mantener la fe.

No hay cómo hacer más énfasis en lo medular que es la fidelidad en el carácter de Dios. Está tejido en cada parte de la Biblia: desde Génesis, donde Dios inicia su promesa de fidelidad, hasta el Apocalipsis, donde la visión de Juan retrata «un caballo blanco. Su jinete se llamaba Fiel y Verdadero». Grande es la fidelidad de Dios. Aunque seamos infieles, Dios seguirá siendo fiel «Él sigue siendo fiel, ya que no puede negarse a sí mismo».[7]

La fidelidad del pacto de Dios que se encarna en nuestro cónyuge es lo que prepara un hogar para nuestros corazones inquietos. Acepta la totalidad de nuestra alma al decir: «Yo creo en ti y me comprometo contigo tanto en las buenas como en las malas». Sin la fidelidad y la confianza que esta engendra, el matrimonio no tendría esperanza de perdurar. No hay pareja que pueda lograr una confianza profunda en ellos mismos y el uno en el otro hasta que primero reconozcan la fidelidad de Dios para ellos.

EL MATRIMONIO REVELA EL PERDÓN DE DIOS

Cuando vivíamos en Los Ángeles, una amiga nos invitó a ver los estudios de películas en Hollywood donde ella trabajaba. Viajamos por el terreno en un carrito de golf y calladamente nos metimos en los estudios para echar vistazos entre bastidores a caras familiares. Una de las cosas más sobresalientes fue ver filmar un episodio del programa de TV *Treinta y tantos*. Nuestra amiga, al observar nuestro interés en este show en particular, más tarde nos envió un guion autografiado. Este muestra a Nancy y a Elliot, una pareja casada que luchaba, en una sesión de consejería brutal. Por fin Elliot dice: «no sé si todavía amo a Nancy... Y no importa lo que ella haga, no creo que pueda perdonarla por eso».

El perdón yace en el centro del matrimonio. Dos personas que viven juntas, día tras día, tropezando uno sobre el otro ser, están unidos para causar dolor, a veces inocentemente, a veces no. Y si el perdón no se da para purificar el alma del matrimonio, la condenación ronda sobre la relación. El resentimiento se amontona sobre el resentimiento hasta que culpamos a nuestras parejas no solo por sus equivocaciones, sino también por nuestra incapacidad para perdonarlas.

Esta es la zona peligrosa de la luz roja. El perdón humano nunca se creó para darse en grande escala. El perdón en el matrimonio solo puede sanar cuando está enfocado en lo que *hace* nuestro cónyuge, no en quién *es*. Los cónyuges perdonan mejor los hechos específicos. Es tonto procurar perdonar dando carta blanca a alguien. Nadie más que Dios puede hacer esto.

Recargamos los circuitos del perdón cuando procuramos perdonar a nuestro cónyuge por no ser la clase de cónyuge que queremos que él o ella sea. Hay otros medios para lidiar con esto: valor, empatía, paciencia, esperanza. Pero solo por ser seres humanos, el perdón, en gran escala, se le debe dejar a Dios. Porque es el perdón de Dios el que nos da poder para nuestra habilidad de perdonar las cosas relativamente pequeñas, aunque este no es un milagro pequeño.

Todas las parejas necesitan perdonar. A mí (Leslie) me costó mucho aceptar esto. ¿Por qué yo necesitaba perdonar a Les, el hombre que me juró su amor hasta la muerte? De alguna manera pensé que si el perdón era necesario, nuestra relación se estaba desintegrando. Yo era demasiado orgullosa para admitir que Les me podría herir. Pero en ocasiones él lo hizo. Y, desde luego, yo también lo herí. A propósito, he aprendido que la mayor parte del tiempo el perdón en el matrimonio por lo general no es cuestión de una inocente ovejita y un lobo malo. La mayoría de las veces yo tengo que perdonar mientras que a mí me perdona Dios, si no mi esposo. Cuando perdonamos a nuestro cónyuge, le estamos revelando el amor de Dios a él o ella, libre de toda condenación. El perdón humano ilumina el perdón divino.

Amar a su cónyuge como a usted mismo es probablemente el mayor paso incondicional que jamás usted dé para cumplir con el amor de Dios. Desde luego, este paso nunca se podría contemplar sin la gracia de Dios que lo hace posible. Mientras que muchos matrimonios comienzan y hasta se las arreglan para durar, sin una consciente confianza en la ayuda de Dios, no hay una relación significativa sin el secreto continuo del toque de la gracia de Dios en el alma de su matrimonio.

NUTRA EL ALMA DE SU MATRIMONIO

La superficialidad es la maldición de un matrimonio intranquilo. La necesidad desesperada de la mayoría de los matrimonios no es tener más entusiasmo, más ostentación, más actividad. El alma de su matrimonio ansía profundidad.

Por lo menos hay tres disciplinas clásicas de la vida espiritual que llaman a las almas gemelas a pasar más allá de la vida superficial para entrar en las profundidades de la adoración, el servicio y la oración. En medio de nuestras actividades cotidianas normales, estas disciplinas tienen un poder transformador para aquietar el espíritu y alimentar nuestro matrimonio.[8] A propósito, estas disciplinas no son para los gigantes espirituales, tampoco es un tipo de faena monótona creada para extinguir toda la diversión de su vida. El único requisito para practicar estas disciplinas es ansiar que Dios llene su matrimonio.

> Cualquiera que no tenga un alma amiga es como un cuerpo sin cabeza.
>
> **Dicho celta**

ADORACIÓN

Tenemos una reproducción de Norman Rockwell que representa a una familia el domingo por la mañana. El esposo, sin afeitar, el pelo regado, muy cómodo en sus pijamas y bata de casa, está tirado en una silla con porciones regadas del periódico del domingo. Detrás de él está su esposa, vestida en un traje a la medida y lista para irse a la iglesia. El cuadro es un recordatorio cómico de lo importante que es para el alma de nuestro matrimonio compartir la adoración.

Nosotros dos nos criamos asistiendo a la iglesia. Era parte de nuestra herencia. Tan seguro como que el sol sale por el este, nuestras familias estarían en la iglesia el domingo por la mañana. Ir a la iglesia no era algo dudoso. Era algo que simplemente usted hacía. Caso cerrado.

Pero cuando nos casamos y nos mudamos lejos del hogar, de pronto la adoración se convirtió en una opción. En una ciudad nueva, encarábamos la oportunidad de establecer nuestras propias rutinas, nuestro propio patrón semanal. Por primera vez, ir a la iglesia era algo a lo cual no estábamos obligados. Nadie nos iba a llamar y preguntar dónde estábamos. Nadie nos estaba vigilando. Ahora podíamos quedarnos en la casa el domingo, irnos a pasear, sentarnos al sol, leer un libro. O podíamos ir a la iglesia. Así lo hicimos.

Desde el principio de nuestro matrimonio la adoración en común ha sido un tiempo sistemático de descanso y renovación para nuestras relaciones. Dedicar un día de la semana a la adoración equilibra nuestro matrimonio y nos libera de la tiranía de la productividad que llena los otros días de la semana.

La iglesia a la cual vamos a adorar es un lugar de apoyo social y abastecimiento espiritual. Cantar himnos, aprender de las Escrituras, adorar a Dios y reunirse con amigos que comparten nuestra misma búsqueda espiritual es consolador e inspirador. Adorar juntos eleva nuestras relaciones y hace que la semana entrante tenga más significado.

Y una vez más, las investigaciones apoyan nuestra decisión de adorar juntos como un medio de alimentar el alma de nuestro matrimonio. Un estudio reciente mostró que las parejas que asisten juntas a la iglesia aunque solo sea una vez al mes aumentan las probabilidades de permanecer casadas durante el resto de sus vidas. Los estudios también muestran que los asistentes a las iglesias se sienten mejor con respecto a su matrimonio que aquellos que no adoran juntos.[9]

> Cual ciervo jadeante en busca del agua, así te busca, oh Dios, todo mi ser.
>
> **Salmos 42.1–2**

La adoración tiene la manera de transformar las relaciones. Estar ante el Único Santo de la eternidad es crecer y cambiar. En la adoración, el poder transformador de Dios entra paulatinamente en el santuario de nuestros corazones y aumenta nuestra capacidad de amar.

SERVICIO

«Nunca supe cuán egoísta era yo hasta que me casé», dijo Gary. Después de seis meses de casado, él no contaba con que Paula, su esposa, fuera a trabajar de voluntaria a un centro de retirados una noche a la semana. «Al principio resentía que ella se fuera de mi lado. Pero hace un par de meses ella necesitó que yo la llevara, así que la acompañé». Una y otra vez él volvió con Paula hasta que descubrió que ayudar a los ancianitos en el centro se había convertido en el punto culminante de su semana. «Uno se siente bien ayudando a otros y esto sirvió para que Paula y yo nos uniéramos más, somos como un equipo que está marcando una diferencia», nos dijo él.

Hemos oído docenas de informes similares de otras parejas. Hay algo bueno en cuanto a alcanzar a otros como un equipo. Casi de manera mística esto se convierte en un vínculo. Llegar a otros promueve la humildad, el compartir, la compasión y la intimidad en el matrimonio. Hacer bien a otros ayuda a las parejas a trascender y convertirse en parte de algo mayor.[10]

Literalmente, en su matrimonio hay cientos de maneras de incorporar servicios para ayudar a otros. La clave es encontrar algo que venga bien a su estilo de persona. Por ejemplo, en nuestro vecindario tenemos dos parejas que practican activamente el ayudar a otros, pero de una forma diferente. Steve y Thanne Moore viven en una casa frente a la nuestra y llevan quince años de matrimonio. Ellos patrocinan el sostén de un niño necesitado, Robert Jacques, que vive en Haití. Todos los meses le envían tarjetas y cartas como también dinero para educarlo, para ropas y comida. En

> El amor no consiste en mirar al otro, sino en mirar juntos en la misma dirección.
>
> **Antoine de Saint-Exupéry**

ocasiones especiales Steve y Thanne hacen que sus hijos dibujen cuadros para enviárselos a Robert. Steve y Thanne viajaron dos veces a Haití para visitar a Robert en su orfanato. Ellos esperan que un día lo puedan ver en la universidad.

A dos cuadras de nuestro vecindario viven Dennis y Lucy Guernsey. Ellos llevan veinticinco años de casados, y al principio de casados hicieron esta decisión: ser generosos y tener las puertas abiertas para otros. Todos los que conocen a Dennis y Lucy conocen de su hospitalidad. Han hecho de su casa un centro de celebraciones y comidas deliciosas. A veces es casual y espontáneo, a veces planeado y elegante, pero siempre es especial. Ellos han hecho fiestas de graduaciones, de cumpleaños, de bienvenidas al vecindario. Tienen despedidas y recepciones. Y el Día de las Madres invitan a madres solteras a venir el domingo a un desayuno-almuerzo.

Si usted le preguntara a Dennis y a Lucy o a Steve y a Thanne por qué ayudan de la manera en que lo hacen, ellos le contarán la satisfacción que da hacer felices a otros. Pero también le dirán cómo el brindar estos servicios ha unido con más profundidad sus lazos matrimoniales.

Conocemos a muchas parejas que pueden testificar lo mucho que ha significado para sus matrimonios el ayudar a otros. Ya sea que ayuden a un niño necesitado, abran sus hogares a visitantes, regalen frazadas a los desamparados o cocinen galletitas a los prisioneros, hacer el bien a otros es bueno para el matrimonio. Para las almas gemelas el verdadero servicio no es algo farisaico, no se hace para obtener un premio, no es «la gran cosa». Esto proviene de una sugerencia en susurro, una profunda urgencia divina dentro del alma de su matrimonio.

Ejercicio 23:
Mejore su servicio

Alcanzar a otros puede hacer más para fortalecer los lazos de un matrimonio de lo que usted se puede imaginar. En el cuaderno*, el ejercicio *Mejore su servicio* les ayudará a usted y a su cónyuge a explorar cómo incorporar el servicio en su relación matrimonial.

Algo más en cuanto a servir juntos. Si todo su servicio es ante los demás, este permanecerá superficial. A veces el servicio se hace en lo secreto, encubierto de todos excepto de ustedes dos. Descubriremos que el alma de nuestro matrimonio se satisface mucho más cuando hacemos cosas, aunque sean pequeñas cosas, anónimamente. Observar secretamente los resultados de nuestro servicio trae una devoción e intimidad más profunda.

ORACIÓN

El sociólogo Andrew Greeley hizo una encuesta entre personas casadas y descubrió que las parejas más felices eran aquellas que oraban juntas. Las parejas que con frecuencia oran juntas tienen el doble de las posibilidades, en comparación con las que oran con menos frecuencia, de describir sus matrimonios como altamente románticos. También informan tener una satisfacción sexual considerablemente más alta y más éctasis sexual.

Hay una vieja historia acerca de una pareja joven que decidió comenzar su luna de miel arrodillándose delante de la cama para orar. La novia se rio cuando oyó a su recién esposo orar: «Por lo que estamos a punto de recibir haz, Señor, que estemos verdaderamente agradecidos».

Aunque parezca muy extraño, en el matrimonio hay una fuerte unión entre la oración y el sexo. Por un lado, la frecuencia de la oración es un indicador más poderoso de la satisfacción matrimonial que la frecuencia de la intimidad sexual. Pero aprenda esto: Las parejas casadas que oran juntas tienen un noventa por ciento más de posibilidades de informar una satisfacción mayor en su vida sexual que las parejas que no oran juntas. Además, las mujeres que oran con su esposo tienen más tendencia de sentir más orgasmos. Eso no parece que pueda ser así, ¿verdad? Después de todo, los medios de comunicación pintan a las parejas que van a la iglesia como mojigatos que creen que el sexo es sucio. Bueno, deje que digan lo que quieran, pero las parejas que oran juntas lo saben mejor.

Pocas parejas han venido a nuestra oficina con más devoción que Tom y a Kathleen. Asisten regularmente a la iglesia. Kathleen cantaba en el coro, Tom enseñaba una clase de jóvenes de la Escuela Dominical. Kathleen estaba en el estudio bíblico de las mujeres; Tom estaba en el grupo de hombres que se responsabiliza uno del otro. Todos en la iglesia ven a Tom y Kathleen como líderes espirituales dedicados y vibrantes. Pero cuando ellos dos vinieron a vernos, su matrimonio de cinco años estaba llegando a su fin. Nos contaron su historia, una que ya hemos oído muchas veces. Estaban recargados con todo menos con su matrimonio y como resultado «el amor se estaba perdiendo». A pesar de todo su fervor espiritual, Tom y Kathleen permitieron que el alma de su matrimonio se marchitara.

«¿Cuándo fue la última vez que ustedes dos oraron juntos?», uno de nosotros les preguntó. Tom y Kathleen se miraron y la respuesta era obvia: Hacía mucho, mucho tiempo.

Hablamos un poco más con Tom y Kathleen y les dimos una tarea sencilla, una tarea realmente experimental. Durante la próxima semana, antes de ir a dormir, ellos debían orar juntos brevemente.

Cinco días después recibimos una llamada: «Les habla Kathleen. Sé que esto parecerá loco, pero nuestra relación ha dado un cambio de noventa grados». Nos contó cómo al pasar un momento juntos en oración les había rejuvenecido su espíritu y su matrimonio.

No hay ninguna cantidad de tiempo «religioso» que se pueda sustituir por el tiempo que las parejas empleen juntas orando. Pero si la oración es tan buena para el matrimonio, tal vez usted se esté preguntando, ¿por qué no hay más parejas que oren? Porque no es fácil. La oración nos pone en una situación vulnerable, y una vez que bajamos la guardia, incluso con nuestros cónyuges, puede resultar amenazante (esto es especialmente cierto para los hombres). Después de todo, nuestros cónyuges saben, de primera mano, exactamente cómo que somos. Nos ven cuando nadie más nos está viendo. Entonces, ¿cómo puedo ser completamente cándido ante Dios si mi pareja me está escuchando? ¿Cómo puedo expresar mis esperanzas y temores, mi dolor, los pecados más íntimos que me tienen controlados? No en balde muchas parejas evitan orar juntas. El precio de su vulnerabilidad parece ser demasiado alto.

Debemos confesar que orar juntos como pareja no siempre ha sido natural ni fácil para Leslie y para mí. En ocasiones ambos hemos caído en la trampa de predicarnos mediante las oraciones y sutilmente darnos codazos uno al otro con nuestras «buenas» intenciones. Pero a través de los años hemos recogido algunos principios que nos han ayudado a orar más eficientemente. Primero, hacemos una oración de acción de gracias. Eso es todo. En lugar de procurar orar acerca de nuestras necesidades o dificultades, sencillamente le damos gracias a Dios. En ocasiones repetimos juntos El Padre Nuestro (Mateo 6.9–13). Y, a veces, uno de nosotros simplemente inicia un tiempo de oración silente juntos o un tiempo para escuchar a Dios o quizás un tiempo de oraciones breves. El asunto es orar. No existe una manera correcta ni equivocada para hacerlo. Cada intento que hacemos para comunicarnos con Dios en oración, nutre el alma del matrimonio.

Ejercicio 24:
Estudie a su cónyuge

Aunque orar juntos es importante en un matrimonio, orar el uno por el otro también es crucial. En el cuaderno*, el ejercicio *Estudie a su cónyuge* los ayudará a orar con más significado por su cónyuge.

El cuidado del alma de su matrimonio requiere una atención constante. Si ustedes descuidan el alma de su matrimonio, solo tendrán una unión superficial a flote de las olas de la emoción e infatuación hasta que el matrimonio llegue a encallarse. Pero si ustedes atienden el alma en su peregrinaje juntos, mediante la adoración, el servicio y la oración, pasarán ilesos las tormentas del matrimonio.

ASÍ QUE, RECUERDE ESTO

Como la mayoría de las parejas profundamente enamoradas, ansiamos ser almas gemelas incluso antes de casarnos. Parte del ímpetu de nuestra visión vino luego de leer *A Severe Mercy* [Una misericordia severa], una historia real de amor acerca de Sheldon y Davy Vanauken, dos amantes que no solo soñaban con formar una unión plena del alma sino divisar una estrategia concreta que formaron y a la cual llamaron la Barrera Reluciente. La meta era: hacer su amor invulnerable. El plan era: compartirlo *todo*. ¡Todo! Si a uno de ellos le gustaba algo, los dos decidían, eso debe tener algo bueno, y el otro debe descubrirlo. Ya fuera poesía, fresas o un interés en los barcos, Sheldon y Davy se hacían el propósito de compartir cada una de las cosas que a uno de ellos le gustara. De esa manera crearon miles de lazos, grandes y pequeños, que los unían. El razonamiento era que al compartirlo todo se unirían tanto que sería imposible, inconcebible para cualquiera de ellos dos suponer que alguna vez pudieran recrearse con tanta unidad con cualquier otra persona. Compartirlo todo, sintieron ellos, era el secreto máximo de un amor que duraría por siempre.

Sheldon y Davy establecieron lo que llamaron el Concilio de los Navegantes para mantener la vigilancia de las murallas de la Barrera Reluciente. Esto era un examen del estado de su unión. ¿Estaban compartiéndolo todo? ¿Había alguna señal de apartarse uno del otro? Más de una vez al mes, con todo propósito, hablaban acerca de su relación y evaluaban sus actividades preguntándose: ¿Es esto lo mejor para nuestro amor?

Algo acerca de estas Barreras Relucientes, un escudo para proteger el amor de uno y edificar un lazo fortificado, nos pareció atractivo a Leslie y a mí. Queríamos ponernos en guardia en contra de perder la gloria del amor. No temíamos el divorcio tanto como temíamos un enemigo más sutil, la separación gradual. Al mirarnos, vimos matrimonios que se estaban muriendo porque las parejas dieron por sentado el amor. Al dejar de hacer cosas juntos y descubrir intereses separados, parejas que conocemos, comenzaron a convertir el «nosotros» en el «yo» a medida que sus matrimonios envejecían. Observamos una sutil separación que empezó a hacerse latente en su matrimonio sin apenas notarse, cada uno de ellos iba por separado a sus trabajos en mundos separados, mientras que su separación estaba tranquilamente rompiendo su unión. ¿Por qué dejar que esto nos sucediera? ¿Por qué no levantar las Barreras Relucientes como hicieron Sheldon y Davy?

Estábamos inspirados.

Más tarde, durante la primavera y solo unos días antes de nuestra boda, nos sentamos en un banco y comenzamos a hablar acerca de nuestro amor y el compromiso que estábamos por realizar y llegamos a la conclusión de que había algo frío en cuanto a hacer un contrato obligado, un acuerdo comprometedor, para mantenernos juntos. No queríamos desempeñar los «deberes» matrimoniales solo por *tener* que hacerlo, porque estuviéramos obligados a hacerlo externamente. Buscábamos un lazo más profundo que trascendiera incluso los vestigios idealizados de las Barreras Relucientes. Fue entonces cuando la verdadera lección de la historia de Sheldon y Davy nos impactó: en última instancia, convertirnos en almas gemelas requiere más que un llamado a amar, más que un compromiso para un compartir extravagante. Exige un llamado a Dios.

La urgencia dolorosa, abrasadora de que usted y su cónyuge tienen que estar relacionados, alma con alma, solo se puede satisfacer cuando los espíritus están unidos por un Espíritu mayor, Jesucristo, la máxima Barrera Reluciente. Así que recuerde esto: El secreto sagrado de convertirse en almas gemelas es seguir una comunión mutua con Dios.

PARA REFLEXIONAR

1. Algunas parejas confunden ser «exactamente» iguales o tener un matrimonio en el cual se comparten todas las responsabilidades con un matrimonio de almas gemelas. ¿Por qué esto no es realmente exacto?

2. Hay un dolor en nuestras almas que ansía tener un significado más profundo y una relación con nuestro cónyuge y con Dios. ¿En qué maneras usted ve a las personas procurando saciar esta sed de su espíritu? ¿Cuáles son las maneras positivas y negativas mediante las cuales la gente procura satisfacer esta necesidad?

3. ¿De qué manera ha visto usted que Dios se haya revelado en su relación?

4. Orar juntos tal vez sea difícil para las parejas. A veces uno de los dos se siente más cómodo al hacerlo o más ansioso de hacerlo que el otro, y este desequilibrio puede hacer que la otra persona «sea tímida para orar». ¿Cómo ve usted que esta disciplina espiritual sea parte de su matrimonio?

5. ¿Cómo pueden las parejas cultivar el alma de sus matrimonios mediante el servicio que se comparte? ¿Conoce parejas que practiquen esta disciplina? ¿De qué manera podría usted incorporar el servicio a su matrimonio?

Apéndice

DESCUBRA LAS DINÁMICAS DE SU PERSONALIDAD

El encuentro de dos personas es como el contacto de dos sustancias químicas; si hay alguna reacción ambas se transforman.
CARL GUSTAV JUNG

Toda relación marital es algo sin precedentes. Cada pareja es única. Nunca se a dado un matrimonio que se pueda comparar al que ustedes han iniciado. Cuando dos personas se juntan, la combinación de las dinámicas de ambas crea una fusión única en sus características y cualidades. Contra más conozcan esa combinación de peculiaridades, más llegarán a apreciarla y utilizarla en su favor.

Como resultado de lo anterior el poeta alemán Heinrich Heine dijo que, «todavía no se ha descubierto la brújula para navegar en la alta mar del matrimonio». Ciertamente hay técnicas y estrategias universales que puede ayudar a casi todas las parejas —la empatía es un buen ejemplo. ¿Qué relación de matrimonio no se beneficiaría de más empatía? Sin embargo el implementar una estrategia o una técnica para incrementar la empatía puede resultar en un desafío que depende de la personalidad combinada de la pareja.

POR QUÉ TIENE QUE CONOCER LA DINÁMICA DE SU PERSONALIDAD

Todos los trimestres durante el otoño desde hace ya muchos años, yo (Les) he enseñado un curso en la universidad titulado Personalidad. Puede ver este curso en todos los programas de psicología por todas las universidades del país. Los eruditos coinciden que esta información es esencial en la educación básica de la ciencia de la psicología.

Por nuestra parte, hemos llegado a la conclusión de que el estudio del contenido de este curso debería ser obligatorio para cualquier persona que emprende el matrimonio. ¿Por qué? Porque entender las dinámicas de la personalidad puede marcar la diferencia entre ahogarse o nadar en el matrimonio.

La palabra «personalidad» viene del latín *persona*, que significa «máscara». Todos llevamos una máscara cuando entramos en una relación.

Piensen en la primera cita que los dos tuvieron. Quizás fueron a cenar en un lugar especial. Nosotros cenamos en el Magic Pan en Kansas City en la famosa Plaza. O fueron a ver una película, a escuchar un concierto, o a jugar al minigolf o fueron a ver un partido. Seguramente se acuerdan de la ropa que llevaron. Quizás recuerden lo que comieron. O incluso se acuerdan de lo que hablaron. Y seguro que pueden recordar algunos de esos sentimientos que tuvieron durante esa primera cita.

¿Por qué? Porque, si son como la mayoría de las personas, pusieron mucho esfuerzo en esa primera

> Aprendemos a amar no cuando encontramos a la persona perfecta, sino cuando llegamos a ver de manera perfecta a una persona imperfecta.
>
> **Sam Keen**

cita. Se esforzaron en crear una impresión positiva de quienes eran ante esta persona con la que ustedes eventualmente decidieron contraer matrimonio. Aún si ustedes decidieron que iban a comportarse como realmente son, sentían la presión de «actuar» y comportarse lo mejor que pudieron.

Se acepta comúnmente que casi todas las personas se ponen una máscara de algún tipo en su primera cita. Puede que lleven esa máscara por algún tiempo, queriendo así continuar la pantomima de la mejor versión de su persona. Algunos incluso alegan que esta máscara se mantiene hasta el inicio del matrimonio.

Sin embargo, tarde o temprano, las máscaras de las dos personas tienen que caer. Se revela la persona real. Vemos lo que hacen cuando sufren daño, se enfadan, tienen celos, se molestan, etc. No se puede evitar. Si permanecen el tiempo suficiente con otra persona en diversas circunstancias, descubrirán la persona real. Esto es por lo que algunos dice que el amor es ciego, pero el matrimonio le devuelve la vista.

¿CÓMO SE COMBINAN SUS PERSONALIDADES?

Tenemos un amigo, Jim Gwinn, que con frecuencia dice a las parejas comprometidas a las que aconseja, «Solo recuerden: Lo que es ahora, lo será entonces, pero más intensamente». Esta era su forma de expresar que cualquier cosa que les molesta de su prometido o prometida durante el tiempo de compromiso no dejará de hacerlo cuando se casen. Más bien lo opuesto. Se puede afirmar con seguridad que él o ella están atenuando esa cualidad y no verán su manifestación plena hasta unos meses más tarde cuando ya sean marido y mujer.

Y es por esto que un examen exhaustivo de las dinámicas de las personalidades combinadas de la pareja es esencial en una preparación efectiva para el matrimonio. Sus personalidades influyen cada aspecto de su matrimonio. Afectan su forma de pensar, actitudes, motivaciones, esperanzas y comportamientos. Resumiendo, afectan cómo dan y reciben amor.

Es difícil exagerar cuánto sus dos únicas personalidades formaran su experiencia de la vida matrimonial que comparten.

Desafortunadamente, es imposible dedicarle suficiente tiempo a este tema en las limitadas páginas de este libro. Sus personalidades son demasiado complejas. Esta es una de las razones principales por la que desarrollamos el *SYMBIS Assessment**. Más de la mitad de este informe personalizado, de quince páginas de longitud, se dedica a examinar cada aspecto desde la comunicación y conflicto al sexo y dinero desde la perspectiva de sus personalidades únicas —y como se pueden aprovechar para maximizar su amor el uno por el otro.

La evaluación comienza con el descubrimiento de qué topo de esposa/esposo tienden a ser ustedes:

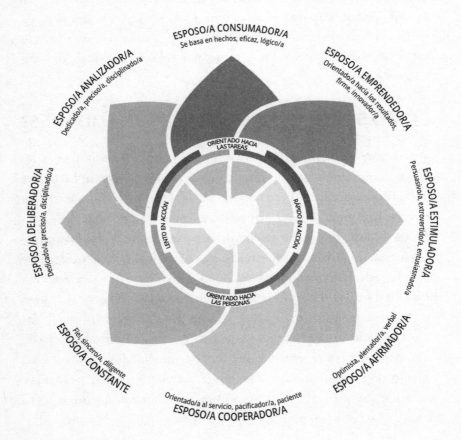

Descubra las dinámicas de su personalidad

Como pueden ver, ustedes pueden representar cualquiera de estos ocho tipos diferentes de personalidades. Y aun cuando puedan identificarse con uno, su personalidad es única y no puede resumirse con una etiqueta o un párrafo descriptivo. Esta es la razón por la que el *SYMBIS Assessment** proporciona varias páginas de información en cuanto a sus dos personalidades —e incluso si representan el mismo tipo general de personalidad, ustedes presentan diferencias dentro de ese mismo grupo.[1]

A continuación ofrecemos un resumen de cada uno:

- *Esposo/a analizador/a*: ordenado/a, concienzudo/a, cuidadoso/a
- *Esposo/a consumador/a*: Se basa en hechos, eficaz, lógico/a
- *Esposo/a emprendedor/a*: Orientado/a hacia los resultados, firme, innovador/a
- *Esposo/a estimulador/a*: Persuasivo/a, extrovertido/a, entusiasmado/a
- *Esposo/a afirmador/a:* Optimista, alentador/a, verbal
- *Esposo/a cooperador/a*: Orientado/a al servicio, pacificador/a, paciente
- *Esposo/a constante:* Fiel, sincero/a, diligente
- *Esposo/a deliberador/a*: Dedicado/a, preciso/a, disciplinado/a

No hay una personalidad que sea mejor o peor que la otra. Son simplemente diferentes personalidades. Y aquí es dónde muchas parejas se quedan estancadas. No aprecian, y todavía menos entienden, sus diferencias de personalidades.

No solo esto, no entienden como se complementan la una con la otra. Es una cosa descubrir la representación de sus dos personalidades, pero su amor alcanza un nuevo nivel cuando ustedes dos ven que ocurre cuando las dos personalidades se combinan. Por ejemplo, ¿Qué ocurre cuando un/a esposo/a afirmador/a se casa con un/a esposo/a analizador/a? Este tipo de información acerca de sus personalidades es exactamente lo que el *SYMBIS Assessment** descubre.

SUS PERSONALIDADES SON UN REGALO DE DIOS

No pueden escoger sus personalidades como escogen un cambio de ropa. Relativamente hablando, ustedes solo tienen una personalidad de por vida. Es algo con lo que nacen. Desde luego, pueden modificar partes de su personalidad, y sus respuestas a su ambiente pueden cultivar o sofocar aspectos de ella. Pero por lo general, sus personalidades representan sus rasgos y tendencias naturales.

> La meta del matrimonio no es pensar igual sino pensar juntos.
>
> **Robert C. Dodds**

Pregunten a cualquier madre que haya criado dos hijos, y ciertamente le dirá que eran muy diferentes desde el principio. Por ejemplo, uno puede que fuera más amistoso y sonriente con todos; mientras el otro se asustaba de los extraños. Cada uno nació de esa manera.

El hecho es que sus personalidades se encuentran en los genes. Son innatas. Han sido dadas por Dios. Han heredado unos rasgos distintivos que son fundamentales a su naturaleza.

Seguramente han oído a su esposa/o decir en alguna ocasión, «Ese no eres tú». Pretendan que su jefe les pidiera que saluden y se relacionen con todas las personas que se presentaron a una reunión social planeada por la compañía, pero su personalidad no se siente cómoda con tanta interacción. ¿Van a hacer lo que les ha pedido su jefe? Lo harán si no quieren perder su trabajo. Pero se sienten incómodos. El hecho es que pueden comportarse de una manera que no representa sus personalidades, sin embargo esto siempre es una actuación temporal. Hay muchas situaciones que pueden pedir de usted que se comporte de forma que no es natural para usted, pero cuando la necesidad ha pasado, usted actuará otra vez de la manera que representa su temperamento verdadero. Y esto es porque su personalidad es innata.

RECIBA EL AMOR QUE USTED QUIERE

Violet Bailey y su comprometido, Samuel Booth, se paseaban por la campiña inglesa en 1941. Estaban profundamente enamorados y se iban a casar. En el dedo anular de Violet brillaba un bonito anillo de diamantes —era su posesión más preciada.

Pero, como ocurre con muchas parejas, algo se dijo que hirió los sentimientos del otro y se produjo una discusión que escaló de tono. En la cumbre de la discordia, Violet se enfadó tanto que se quitó el anillo, amagó el brazo y lanzó su preciosa posesión con toda su fuerza al campo. El anillo surcó el aire, y cayó entre la hierba de manera que no podía divisarse.

Finalmente Violet y Samuel hicieron las paces. Sabían que su pelea había sido por una tontería. Con desesperación intentaron recuperar el anillo y se adentraron en el campo buscándolo. Pero no lo encontraron.

Dos meses más tarde contrajeron matrimonio. Tuvieron un hijo y después un nieto. Parte de la tradición de la familia fue recontar historia del anillo de compromiso perdido. Todos conocían la historia incluso décadas más tarde.

Violet y Samuel se hicieron mayores juntos y en 1993 Samuel murió. Pasaron quince años, pero el anillo nunca se olvidó. Un día el nieto de Violet tuvo una idea. Quizás el podría encontrar el anillo de su abuela con un detector de metales. Así que se dirigió al campo, con el nuevo detector de metales que se había comprado, donde Violet había arrojado su preciado tesoro sesenta y siete años antes. Conectó el detector y comenzó a peinar el campo moviendo el detector de lado a lado sobre la hierba. Después de dos horas de búsqueda hayó lo que estaba buscando.

Más tarde, con inmenso orgullo y gozo, el nieto puso el anillo en la mano de su incrédula abuela Violet. La posesión preciada finalmente había regresado a casa.[2]

¿Pueden imaginarse la emoción de finalmente encontrar algo después de seis décadas de búsqueda? La historia, desde luego, es una poco agridulce. El anillo había sido hallado, pero Samuel no pudo colocar ese anillo en el dedo de amada. Violet obtuvo lo que había estado buscando, pero probablemente fue demasiado tarde.

No permitan que ocurra lo mismo en su matrimonio. No hablamos de perder un anillo, por supuesto. Hablamos de algo mucho más valioso. Hablamos de la perdida de días, que se convierten en años, donde ustedes no reciben el amor que buscan.

> La empatía mutua es el gran don humano no reconocido.
>
> **Jean Baker Miller**

Hemos añadido este apéndice y creado el *SYMBIS Assessment** online para que esto no les suceda a ustedes. Para que cuando analicen su disposición interna hacia el amor, se adentren en el mundo de la otra persona. Ustedes sabrán que pueden ser un/a esposo/a mejor con su naturaleza innata y cómo usted puede amar a su esposo/a con la suya propia.

Resumiendo, saber cómo se combinan sus personalidades les proporciona una herramienta sofisticada para la empatía —esa habilidad de ver el mundo a través de la perspectiva de la otra persona. Y, ¿por qué es esto importante? Porque la empatía es la raiz de todo matrimonio sano. Es lo que les permite ponerse en el lugar de la otra persona sin interponerse.

> El amor es una condición en la que la felicidad de otra persona es esencial para tu propia felicidad.
>
> **Robert Heinlein**

Cientos de estudios han resaltado el valor inmensurable de la empatía en el matrimonio. Y con el conocimiento profundo de sus personalidades combinadas, dispondrán de uno de los mejores recursos para disfrutarlo en el suyo.

RECONOCIMIENTOS

ESTAMOS PROFUNDAMENTE ENDEUDADOS CON muchas personas que contribuyeron con el proyecto *Asegure el éxito en su matrimonio antes de casarse*. Los de Zondervan, como siempre, fueron extraordinarios. Nos asombra y afirma continuamente el apoyo visionario de Scott Bolinder, encargado de las publicaciones. Nuestra editora Sandy Vander Zicht, y su asociada, Lori Walburg y Becky Shingledecker, no solo están profesionalmente dotadas sino que también se involucran personalmente. También queremos expresar gratitud a muchas otras personas involucradas en el proceso de publicación: Tom Dean, Robin Barnett, Catherine DeVries, Larry Downs, Casper Hamlet, Joyce Ondersma, John Topliff, TJ Rathbun y John Raymond. Nuestra gratitud especial va dirigida a nuestras queridas amistades de Flying Rhino: Chris y Toni Crary y al formidable Ranjy Thomas. Y además a todo nuestro equipo que mantiene todo en moción: Janice Lundquist, David Huffman, Sealy Yates, Mandy Moragne y Ryan Farmer.

En el proceso de escribir este libro hemos llegado a estar agudamente conscientes de los gigantes intelectuales sobre cuyos hombros nos apoyamos. Eruditos como John Gottman de la Universidad de Washington, Howard Markman y Scott Stanley de la Universidad de Denver, Clifford Notarious en La Universidad Católica de América en Washington, D.C., Deborah Tannen en la Universidad Georgetown, David Olson en la Universidad de Minnesota, Robert y Janette Lauer en la Universidad Internacional EE.UU. en San Diego, Robert Sternberg en la Universidad Yale y Everett Worthington en la

Universidad Virginia Commonwealth, solo para mencionar a algunos de ellos. A todos ellos les estamos profundamente agradecidos.

Por último, queremos expresar nuestro aprecio a miles de parejas y mentores de matrimonios que participaron en nuestros seminarios *Asegure el éxito en su matrimonio antes de casarse*. Ser parte de su peregrinaje en el matrimonio ha sido un honor.

NOTAS

ANTES DE COMENZAR

1. Claudia Kalb, Marriage: Act II, *Newsweek*, 20 febrero 2006.
   Es alentador ver que los índices de divorcio se han reducido en
   las últimas décadas. Los estudios indican que los matrimonios
   han perdurado más en el siglo XXI que en la década de
   1990 (ver Katherine Bindley, «Marriage Rates: Divorce Fears
   to Blame for Low Rates?», *Huffington Post* (22 diciembre
   2011), y Shaunti Feldhahn, *The Good News about Marriage:
   Debunking Discouraging Myth about Marriage and Divorce*
   (Colorado Springs: Multnomah Books, 2014).

2. Estas conclusiones se basaron en un estudio nacional de
   455 recién casados y setenta y cinco personas casadas que
   durante más tiempo recordaron su primer año de matrimonio.
   La investigación se publicó en el libro de Miriam Arond y
   Samuel L. Pauker, *The First Year of Marriage* (Nueva York:
   Warner, 1987).

3. Paul Amato; Christine Johnson; Howard Markman y Scott
   Stanley, «Premarital Education, Marital Quality, and Marital
   Stabiblity: Findings from a Large, Random Household
   Survey», *Journal of Family Psycology* 20 (2006): pp. 117–126.

4. «The Copycat Wedding», *Wall Street Journal* (21 mayo 2004).

5. Estas conclusiones se basaron en entrevistas que se hicieron por teléfono a 1.037 adultos, de dieciocho y más años de edad. La encuesta se realizó entre el 24 de septiembre y el 9 de octubre de 1988. El error que se pueda atribuir a las muestras y a otros efectos aleatorios podrían ser de más o menos cuatro por ciento.

6. Les y Leslie Parrot, «The SYMBIS Approach to Marriage Education», *Journal of Psychology and Theology* 31 (2003): pp. 208–212.

7. Les y Leslie Parrot, «Preparing Couples for Marriage: The SYMBIS Model», en *Preventive Approaches in Couple's Therapy*, editores R. Berger y M.T. (Filadelfia: Brunner/ Mazel, 1999), pp. 237–54.

8. Gálatas 5.22–23, TLA.

PREGUNTA 1: ¿ALGUNA VEZ ENCARÓ EL MITO DEL MATRIMONIO CON HONESTIDAD?

1. J. H. Larson, «The Marriage Quiz: College Students' Beliefs in Selected Myths about Marriage», *Family Relations* 37, no. 1 (1988): pp. 43–51. Un estudio de parejas casadas durante un promedio de un año descubrió que casi todas las parejas sufrieron severas decepciones durante los primeros meses después de su matrimonio por causa de sus ideas erróneas acerca del matrimonio. Estos resultados encuentran eco en los hallazgos de W. Lederer y D. Jackson en *The Mirages of Marriage* (Nueva York: Norton, 1968).

2. Mike Mason, *The Mystery of Marriage* (Portland, OR: Multnomah, 1985), p. 31 [*El misterio del matrimonio* (Miami: Vida, 2006)].

3. M. Scott Peck, *The Road Less Traveled: A New Psychology of Love, Traditional Values, and Spiritual Growth* (Nueva York: Simon y Schuster, 1978), pp. 84–85.

El doctor Peck también escribió: «De todas las malas interpretaciones acerca del amor la más poderosa y penetrante es la creencia de que "enamorarse" es amor... Esta es una idea errónea poderosa. La experiencia de enamorarse es específicamente una experiencia erótica eslabonada al sexo... Nos enamoramos solo cuando estamos consciente o inconscientemente motivados sexualmente».

4. Todos los amantes se involucran en un juego de fantasía en el cual ellos procuran aparecer más emocionalmente saludables de lo que realmente son. Como dijo Harville Hendrix: «Después de todo, si usted no aparenta tener muchas necesidades, su compañero está libre para asumir que su meta en la vida es cuidar, no ser cuidado, y esto lo hace a usted ser muy deseable». *Getting the Love You Want* (Nueva York: HarperCollins, 1990), p. 45.

5. John Levy y R. Munroe, *The Happy Family* (Nueva York: Knopf, 1959).

6. J. F. Crosby, *Illusion and Disillusion: The Self in Love and Marriage*, 2da. edición, (Belmont: Wadsworth, 1976). También O. Kernberg, «Why Some People Can't Love», *Psychology Today* (12 junio 1978): pp. 50–59.

7. Proverbios 27.17.

8. J. F. Crosby, *Illusion and Disillusion*.

9. Deuteronomio 24.5.

PREGUNTA 2: ¿PUEDE IDENTIFICAR EL ESTILO DE SU AMOR?

1. Este no es un fenómeno nuevo. Una encuesta en 1966 informó que setenta y seis por ciento de las parejas casadas a quienes se les hicieron preguntas mencionaron «amor» como

la razón principal para casarse. Diez años más tarde, en 1976, cuando un psicólogo le pidió a 75.000 esposas que evaluaran las razones por las cuales decidieron casarse, ellas informaron: «Amor, amor, amor fue la razón principal». Chance, Paul, «The Trouble with Love», *Psychology Today* (febrero 1988): pp. 44–47.

2. L. Wrightsman y K. Deaux, *Social Psychology in the Eighties* (Monterey: Brooks/Cole, 1981), p. 170.

   Durante los treinta y cuatro años que pasaron desde el 1949 hasta el 1983, solo aparecieron veintisiete artículos sobre el amor en las revistas profesionales de sociología y psicología y cada una era un riesgo profesional para el autor. Por ejemplo, cuando el sociólogo Nelson Foote, publicó una breve reseña en 1953 titulada «Amor» lo ridiculizaron y lo inundaron de cartas provenientes de otros eruditos que lo declararon demasiado sentimental.

   Un panelista de la Convención de la Asociación psicológica americana declaró: «El científico, en su intento de inyectar amor en una situación de laboratorio, está de acuerdo con la naturaleza de su proposición deshumanizando el estado que llamamos amor».

3. Robert Sternberg, «A Triangular Theory of Love», *Psychological Review* 93 (1986): pp. 119–35.

4. Cantar de los Cantares 1.2.

5. Neil Clark Warren, *Cómo hallar el amor de tu vida* (Miami: UNILIT, 1994), p. 2.

6. Paul Tournier, *The Meaning of Gifts* (Atlanta: John Knox Press, 1963).

7. La psicóloga Marcia Lasswell y sus colegas analizaron miles de respuestas a las preguntas sobre el amor e identificaron los siguientes estilos del amor: amor al mejor amigo/a, amor a

jugar un juego, amor lógico, amor romántico, amor posesivo y amor no egoísta. Sin embargo, estos estilos no se aplican al amor dentro del matrimonio.

8. Anne Morrow Lindbergh, *Gift from the Sea* (Nueva York: Pantheon, 1991), p. 100 [*Regalo del mar* (Barcelona: Circe Ediciones, 1995)].

9. W. D. Manning, *«Trends in Cohabitation: Twenty Years of Change, 1987-2010»*, (National Center for family and Marriage Research, 2013). Descargado de http://www.bgsu.edu/content/dam/BGSU/college-of-arts-and-science/NCFMR/documents/FP/FP-13-12.pdf.

10. J. Vespa; J. M. Lewis; y R. M. Kreider, «America's Families and Living Arrangements», (Oficina del Censo de los Estados Unidos, 2013).

11. http://nationalmarriageproject.org/reports/.

12. Scott M. Stanley; Paul R. Amato; Howard J. Markham; y Christine A. Johnson, «The Timing of Cohabitation and Engagement: Impact on First and Second Marriages», (PDF) *Journal of Family Psychology* 72 , 4 (1 agosto 2010): pp. 906–918. doi:10.1111/j.1741–3737.2010.00738.x.

13. G. K. Rhoades y S. M. Stanley, *Before «I Do»: What Do Premarital Experiences Have to Do with Marital Quality Among Today's Young Adults?* (Charlottesville, VA: National Marriage Project).

14. Meg Jay, *The Defining Decade: Why Your Twenties Matter— And How to Make to Most of Them Now* (Nueva York: Twelve, 2013).

15. B. J. Willoughby, y J. S. Carroll, «Correlates of Attitudes toward Cohabitation: Looking at the Associations with Demographics, Relational Attitudes, and dating Behavior». *Journal of Family Issues* 23, 11, pp. 1450–1476.

16. 1 Corintios 6.16–17, NVI. Otros pasajes relacionados con el tema son: Génesis 2.18–25, Juan 4, 1 Corintios 10.12–13, Efesios 5.3, 1 Tesalonicenses 4.3–8 y Hebreos 13.4.

17. Varios autores comentaron muy detalladamente estas etapas, incluyendo a James Olthuis en *Keeping Our Troth* (San Francisco: Harper & Row, 1986), Susan Campbell en *The Couple's Journey: Intimacy as a Path to Wholeness* (San Luis Obispo: Impact Publishers, 1980) y Liberty Kovacs en *Marital Development* (1991).

18. D. Knox, «Conceptions of Love at Three Developmental Levels», *The Family Coordinator* 19, no. 2 (1970): pp. 151–57.

19. Para más sugerencias sobre cultivar la pasión romántica, véase el libro de Norm Wright, *Holding on to Romance* (Ventura: Regal Books, 1992).

20. Investigaciones que se publicaron en *The Significant Americans* de John Cuber (Nueva York: Appleton/Century, 1966) revelaron hallazgos similares.

21. Stacey Oliker, *Best Friends and Marriage* (Los Ángeles: University of California Press, 1989).

22. Nick Stinnett, *Strengthening Families* (Reseña que se presentó en el simposio nacional sobre Formar familias fuertes, Universidad de Nebraska, Lincoln, Nebraska).

23. Alfred Kinsey, Wardell Promeroy y Clyde Martin, *Sexual Behavior in the Human Male* (Filadelfia: W. B. Sanders, 1948), p. 544.

PREGUNTA 3: ¿HA DESARROLLADO EL HÁBITO DE LA FELICIDAD?

1. Mary Landis y Judson Landis, *Building a Successful Marriage* (Englewood Cliffs: Prentice Hall, 1958).

Notas

2. Les y Leslie Parrott, *Making Happy: The Art and Science of a Happy Marriage* (Filadelfia: Worthy, 2014).

3. Allen Parducci, «Value Judgments: Toward a Relational Theory of Happiness». En *Attitudinal Judgment*, editado por J. Richard Eiser (Nueva York: Springer-Verlag, 1984).

4. Para comprender el problema de María y José, tenemos que saber algo acerca de las costumbres del matrimonio en aquellos días. Un desposorio era el precursor del compromiso en los romances modernos. En los desposorios, la pareja se unía legalmente y no se podía separar excepto por el divorcio. Esto podía hacerse años antes de que se casaran y hasta la misma ceremonia de la boda podía durar varios días o hasta una semana. Los familiares que recorrían noventa millas montados en un burro, querían algo más que un pedazo de panetela antes de regresar a su casa. Así que se quedaban para ponerse al día en cuanto a las noticias de la familia, reforzar sus relaciones uno con el otro y disfrutar con la novia y el novio. Solo cuando terminaban los días de rito del matrimonio la pareja podía comenzar a vivir junta. En el caso de María, fue un poco después del desposorio y antes del matrimonio que ella quedó embarazada. Esto requería un ajuste mayor tanto de parte de María como de parte de José.

5. El resentimiento y la culpa a veces se combinan para sabotear la felicidad marital. Por ejemplo, cuando usted le echa la culpa de las heridas pasadas a su compañero presente, usted está activando una dinámica que el psiquiatra Ivan Boszormenyi-Nagy describe como «el libro de cuentas rotativo». En ciertos períodos en su vida alguien o algo lo hiere y esto le hace acumular una serie de débitos emocionales. Pasa el tiempo. Usted pasa por la puerta giratoria de la vida y ahora le pasa la cuenta a su cónyuge. Y usted sostiene dos expectativas. Primero: «Pruébame que tú

no eres la persona que me hirió». En otras palabras: «Haz las paces conmigo por lo que sucedió en el pasado. Restitúyeme». Y segundo: «Si haces una cosa que me recuerde esa herida, yo te castigaré». Se logra una transferencia emocional.

Es importante comprender que esta transferencia emocional no se lleva a cabo al principio de la relación. Se establece después que la pareja se ha conocido mutuamente durante algún tiempo cuando usted está desilusionado y descubre que lo que esperaba no está sucediendo.

6. David Myers, *The Pursuit of Happiness: Who Is Happy and Why* (Nueva York: Morrow, 1992). Y George Gallup, Jr. y F. Newport, «Americans Widely Disagree on What Constitutes "Rich"», *Gallup Poll, Mensualmente* (julio 1990), pp. 28–36.

PREGUNTA 4: ¿PUEDE DECIR LO QUE PRETENDE DECIR Y ENTENDER LO QUE ESCUCHA?

1. H. J. Markman, «Prediction of Marital Distress: A Five-Year Follow-Up» [Predicciones de la angustia marital: Un seguimiento de cinco años], *Journal of Consulting and Clinical Psychology* 49 (1981): pp. 760–62.

2. Informó la Encuesta Gallup que se realizó entre el 24 de septiembre y el 9 de octubre de 1988.

3. Laurens Van der Post, *The Face Beside the Fire* (Nueva York: William Morrow y Company, 1953), p. 268.

4. Virginia Satir, «The New Peoplemaking», edición revisada, *Science and Behavior Books* (Mountain View: 1988).

5. R. M. Sabatelli, R. Buck y R. Dreyer «Nonverbal Communication Accuracy in Married Couples: Relationship with Marital Complaints» *Journal of Personality and Social Psychology* 43, no. 5 (1982): pp. 1088–97.

6. Paul Tournier, *To Understand Each Other* (Atlanta: John Knox Press, 1967), p. 29.

7. Deborah Tannen, *You Just Don't Understand* (Nueva York: Ballantine, 1990).

8. http://www.cnn.com/2013/01/10/health/kerner-social-relationship/.

9. http://www.scientificamerican.com/article/how-your-cell-phone-hurts-your-relationships/.

10. Helen Fisher, *Anatomía del amor* (Barcelona: Anagrama, 2007).

PREGUNTA 5: ¿COMPRENDE LA DIFERENCIA ENTRE LOS GÉNEROS?

1. Betty Friedan, *The Second State* (Nueva York: Summit Books, 1986).

2. Esta distinción simplista realmente se deriva de un estudio de un gran número de diferencias biológicas, hormonales, anatómicas, neurológicas, psicológicas y sociales. Véase Julia Wood, *Gendered Lives: Communication, Gender, and Culture* (Belmont: Wadsworth Publishing Company, 1994) y Susan Basow, *Gender: Stereotypes and Roles*, tercera edición (Pacific Grove: Brooks/Cole Publishing Company, 1992).

3. Hay muchas maneras de decir esta diferencia fundamental. Walter Wangerin Jr., en *As for Me and My House*, dicen que los hombres tienden a ser «instrumental» mientras que las mujeres tienden a ser «expresivas». John Gray, en *Los hombres son de Marte, las mujeres de Venus*, dice que los hombres contraen la información, las mujeres se la amplían.

4. H. J. Markman y S. A. Kraft, «Men and Women in Marriage: Dealing with Gender Differences in Marital Therapy», *The Behavior Therapist* 12 (1989): pp. 51–56.

5. Tannen, Deborah, *You just Don't Understand: Women and Men in Conversation* (Nueva York: Ballantine, 1990).

6. Un estudio de ciento treinta parejas saludables y fuertes revelaron que casi todos los esposos informaron que su cónyuge sabía cómo hacerlos sentir bien acerca de sí mismo/a. M. Lasswell y T. Lasswell, *Marriage and the Family* (Lexington: Heath, 1982).

7. John Gray, *Los hombres son de Marte, las mujeres de Venus* (España: Ediciones DeBolsillo, 2003), p. 28.

PREGUNTA 6: ¿SABE CÓMO PELEAR UNA BUENA PELEA?

1. H. J. Markman, «Constructive Marital Conflict Is Not an Oxymoron», *Behavioral Assessment* 13 (1991): pp. 83–96.

2. H. J. Markman, S. Stanley, F. Floyd, K. Hahlweg y S. Blumberg, «Prevention of Divorce and Marital Distress» *Psychotherapy Research* (1992).

3. E. Bader, *Do Marriage Preparation Programs Really Help?* (reseña que se presentó en el Concilio Nacional en las conferencias anuales sobre las relaciones de la familia) (Milwaukee: 1981).

4. E. L. Boroughs, «Love and Money», *U.S. News & World Report* (19 octubre 1992): pp. 54–60. G. Hudson, «Money Fights» *Parents* (febrero 1992): pp. 75–79.

5. R. Reading, «Debt, Social Disadvantage and Maternal Depression», *Social Science and Medicine* 53 (2001): pp. 441–54.

6. «What to Do Before You Say "I Do"», *PR Newswire* (10 octubre 2005).

7. Para obtener más información acerca de estos cuatro maneras desastrosas de interactuar, véase *Why Marriages Succeed or Fail*, de John Gottman (Nueva York: Simon & Schuster, 1994).

8. F. D. Cox, *Human Intimacy: Marriage, the Family, and Its Meaning* (Nueva York: West, 1990).

9. C. Notarius y H. Markman, We *Can Work It Out: Making Sense of Marital Conflict* (Nueva York: Putnam, 1993).

PREGUNTA 7: ¿SON USTED Y SU CÓNYUGE ALMAS GEMELAS?

1. E. E. Lauer, «The Holiness of Marriage: Some New Perspectives from a Recent Sacramental Theology», *The Journal of Ongoing Formation* 6 (1985), pp. 215–26.

2. Anne Frank, *Anne Frank: The Diary of a Young Girl*, trans. B. M. Mooyaart (Nueva York: Bantam, 1993), pp. 150–151 [*El diario de Ana Frank* (Barcelona: DeBolsillo, 2003)].

3. D. R. Leckey, «The Spirituality of Marriage: A Pilgrimage of Sorts», *The Journal of Ongoing Formation* 6 (1985): pp. 227–40.

4. D. L. Fenell, «Characteristics of Long-term First Marriages», *Journal of Mental Health Counseling* 15 (1993): pp. 446–60.

5. Isaías 62.5.

6. No es poco frecuente que a Dios se le llame «Dios celoso» (Éxodo 20.5; 34.14; Deuteronomio 4.25; 5.9; 6.15). Esta frase puede sonar extraña a los oídos modernos, pero detrás de esto hay una hermosa idea. El cuadro es de Dios como el amante apasionado de nuestras almas. El amor siempre es exclusivo; nadie puede estar totalmente enamorado de dos personas a la misma vez. Decir que Dios es un Dios

celoso es decir que Dios es el amante de los hombres y de las mujeres, y que su corazón no soporta tener un rival, sino que él quiere tener toda la devoción de nuestros corazones. La relación divina-humana no es esa de rey y súbdito, tampoco la del maestro y el siervo, tampoco la del dueño y el esclavo, tampoco la del juez y el defensor, sino la del amante y el amado, una relación que solo puede ser paralela a la perfecta relación del matrimonio entre el esposo y la esposa.

7. Apocalipsis 19.11; 2 Timoteo 2.13.

8. L. M. Foerster, *Spiritual Practices and Marital Adjustment in Lay Church Members and Graduate Theology Students*, Disertación, graduados de la Escuela de Psicología, Seminario Teológico Fuller Pasadena, CA (1984).

9. S. T. Ortega, «Religious Homogamy and Marital Happiness», *Journal of Family Issues* 2 (1988): pp. 224–39.

10. D. A. Abbott, M. Berry, y W. H. Meredith, «Religious Belief and Practice: A Potential Asset in Helping Families», *Family Relations* (1990): pp. 443–48.

APÉNDICE: DESCUBRIR LAS DINÁMICAS DE TU PERSONALIDAD

1. El *SYMBIS Assessment* (que solo está disponible en inglés por el momento) explora más de 19.860 combinaciones de características diferentes en las personalidades, y aunque comparta un «tipo» de personalidad con su cónyuge, el informe retratará otras características singulares. No hay dos personalidades que sean exactamente iguales.

2. «It Wasn't All Bad» *The Week* (15 febrero 2008): p. 4.

Nos agradaría recibir noticias suyas.
Por favor, envíe sus comentarios sobre este libro
a la dirección que aparece a continuación.
Muchas gracias.

Vida@zondervan.com
www.editorialvida.com